商业模式转换系列

# 中小企业顶层升维系统

高维升级企业顶层的十二个维度

张雷◎著

中国财富出版社

**图书在版编目（CIP）数据**

中小企业顶层升维系统 / 张雷著 . — 北京 : 中国财富出版社 , 2019.11

（商业模式转换系列）

ISBN 978-7-5047-7052-3

Ⅰ . ①中… Ⅱ . ①张… Ⅲ . ①企业管理－研究－中国 Ⅳ . ① F279.23

中国版本图书馆 CIP 数据核字（2019）第 237837 号

**策划编辑** 谢晓绚　　**责任编辑** 吴婉素

**责任印制** 梁　凡　　**责任校对** 卓闪闪　　**责任发行** 张红燕

---

**出版发行** 中国财富出版社

**社　　址** 北京市丰台区南四环西路 188 号 5 区 20 楼　　**邮政编码** 100070

**电　　话** 010-52227588 转 2098（发行部）　010-52227588 转 321（总编室）

010-52227588 转 100（读者服务部）　010-52227588 转 305（质检部）

**网　　址** http://www.cfpress.com.cn

**经　　销** 新华书店

**印　　刷** 北京兰星球彩色印刷有限公司

**书　　号** ISBN 978-7-5047-7052-3/F · 3098

**开　　本** 710mm×1000mm　1/16　　**版　　次** 2020 年 1 月第 1 版

**印　　张** 15.75　　**印　　次** 2020 年 1 月第 1 次印刷

**字　　数** 238 千字　　**定　　价** 69.00 元

---

# 前　言

## 站得更高，看得更远，做得更长久

这两年，企业转型非常火，大家都在谈。那么，为什么要转型?

先来看三个问题：为什么有的企业做不长、做不大?为什么有的企业曾经辉煌，现在却江河日下?为什么不少民营企业，在起步阶段，面临的市场机会非常大，发展也快，但是发展到一定程度，市场成熟之后，想进一步壮大，往往很难?

在中国的企业界，有一个很奇怪的现象，就是民营企业的老板很少聘请职业经理人。老板们不放心、不愿意把自己打下的江山交给“外人”管理。但是，老板们又真正学过多少企业管理知识，经历过多少大风大浪呢?结果就是，民营企业的老板们凭自己的能力已经做不下去了，但又不愿意让有能力的人来管理，这样一来，企业的发展就无从谈起了。

当然，有的老板愿意聘请职业经理人，但这类老板往往存在一个思想误区：既然请了人来管理，就要相信他，什么都要听他的。这样的老板请注意，企业是你的，要适当地插手，这不是说你要干预职业经理人的管理，而是你要尽到提醒或监督的责任。

在民营企业中，不管是员工还是管理者，都是老板一手带出来的。民营企业的文化其实就是老板的文化。企业内的人已经适应了老板的管理方式，这时突然来了一个“外人”，他们会觉得别扭。假如这个职业经理人沟通不到位，就会伤害到某些人，甚至触及某些人的利益，这些人就会和职业经理人对着干。结果要不就是员工离职，要不就是职业经理人出走。不管谁走，最终都会损害企业的利益，这样的试错，成本太高了。

如何避免上述情况?老板们要学会管理，要转变自己的思维模式。

现在很多人都在学习商业模式，但商业模式不是全部，要想真正落地，就要上升到

一种结构严密的逻辑思维。假如仅仅靠商业模式的一个点子或者营销上的一个策略，即使取胜，也只是一时的、短暂的。

时代在变化，市场也在变化，所以才要谈企业转型。所谓的企业转型，实际上是一种思维的转变。企业转型的关键核心，就是企业家的思维要转变。

有的老板只看到眼前，对未来没有预判；有的老板把一个点子当成战略，这说明他们没有或者无法为企业规划清晰的发展路径。由此导致老板感到心累，对未来感到茫然；企业缺乏一套规范的管理体系；员工的思想动力不足，执行力不够……长久下去，最终危及企业的发展。所以，老板的思维不转变，企业就很难生存壮大。

那么，出路在哪里？做好模式经营管理的顶层设计。

现在的民营企业都面临着哪些挑战？前有大型国企、跨国企业、合资企业的竞争；后有“游击队”的骚扰，你今天做出来的东西，明天就被仿制出来了，价格还不到你的1/4；中间还有上游供应商的“压榨”。

有学员和我说：“张老师，我是做代理的，价格我做不了主，厂家定的价；市场我做不了主，我只能在我自己的片区卖，不能到别的市场上去卖；客户我也做不了主，现在客户的选择太多了。怎么办？”这其实是很多企业都面临的问题。大家夹在中间，利润越来越薄，日子越来越难过。怎么办？转型升级。

企业要转型升级，战略是重中之重。企业老板要转变思维，首先就要做到战略转型，战略转型包括一系列动作——研发转型、生产转型、营销转型、运营转型、组织转型、文化转型……这些都需要顶层设计。

模式经营管理的顶层设计能帮企业解决什么问题？从战略规划来说，能让你站得更高，看得更远，做得更长久。从商业模式角度来说，设计好商业模式，能让你的产品卖得好。从企业管理来说，能帮你把内部管理做好，最大限度地发挥人的价值，让企业走

得更稳、更健康。

请注意，一定是先做企业，再做顶层设计。为什么？因为顶层设计其实是经营管理整套体系的设计，如果先做顶层设计，你会发现，设计出这么多条条框框，把自己困在里面，再做企业，就非常难，没法做事了。如果企业出了问题，不要慌，先好好审视一下自身，在这个基础上再做顶层设计，才不会出现偏差。

顶层设计的核心就是学会从后往前看，要用以终为始的逻辑，要变被动为主动。

企业转型一定是全方位的、系统的工程，不是某一个方面的转型，它需要以管理系统的全面升级作为支撑，具体要落实以下几点。

（1）管理升级必须落实到各个职能部门，每一个部门都要升级。

（2）用员工培训体系为转型做支撑，一定要有适合自己企业特征的培训。

（3）所有的转型最终要回归企业文化的转型。文化转型是最终的归宿，转型以后要逐渐形成一种文化。怎样形成文化？就是要变口号为行为。

A. 不要让企业文化成为贴在墙上的标语或喊在嘴里的口号，而要落实到每个人的行动上，要让员工理解企业文化的内涵。

在模式经营管理顶层设计里有一个重要的板块——把企业文化做出来，就是要把理念落实到行为。我们为一家企业做过咨询。这个企业的员工只要看到客户进来，只要是在他眼光所及的地方，他都站在那等着客户先过去，等客户走了他才走，这就是把企业文化落实到行动上。

B. 给员工创造宽松的环境。

员工迫切需要的是“跨界学习”。一个员工在找工作时，他最看重的是什么？尤其是“90后”“00后”，他看中的不一定是钱，而是在这个企业里面，他干得开不开心。

C. 企业有多大的平台给员工。

除了舒心的工作环境，员工也关注自己能不能学到东西，有没有发展前途，企业有多大的舞台给自己。所以要抓住员工的这些心理，从压力式管理转变为动力式管理。

D. 努力摆脱“官文化”。

现在的民营企业几乎都是一把手在控制，老板说什么就是什么，但执行力不是压出来的。老板要淡化权力意识，避免短期机会导向。凡事不能一刀切，一定要关注实际情况。要允许员工犯错，但不能允许员工撒谎，这是企业的底线。在做企业文化的时候一定要在企业的价值观里明确体现这个底线。

综上所述，企业转型需要管理体系的全面升级。所有这些，通过模式经营管理的顶层设计，可以一步步做到。

在本书中，我们会给出一张企业转型与升级的地图，从企业家转型、战略转型、管理体系转型到文化转型，设计出一整套行之有效的方法，可操作性非常强。希望能帮助企业老板解决问题，把企业做大、做强。

# 目 录

01

第一章

# 让企业实现盈利最大化
## ——顶层设计概述

※ 在全球经济增速整体放缓、市场由大众化消费向小众化消费转变的环境下，将模式经营管理引入中国企业管理学，目的就是让企业运用系统论的方法，站在全局的角度，对企业的各方面、各层次和各要素进行整体统筹规划，以集中有效的资源，高效快捷地实现战略目标，顺利完成企业的转型升级。

## 1. 从杂货店老板的角度，理解模式经营管理

所谓模式经营管理，就是把企业划分成若干个小集体，每个小集体都按一个小公司的方式运营，并对每个小的经营组织进行业绩评估。它们原来只是公司的一个部门，或者一个团队，但现在的运营机制却把它们设定成了一个个的小公司，既要独立运营，又要独立核算，所以它们要具有自负盈亏的能力。通过这种赋权经营，公司能够在内部不断培养出一批批与老板理念一致的经营人才，从而实现全体员工共同参与，成就员工，解放老板，创造高收益的经营管理模式。

那么，公司运行得好好的，为什么要搞模式经营管理呢？假如你开的是一家杂货店，你会怎么算账？

传统的做法往往是按批记账，一批货里面什么商品都有，一起买进来，卖出去后一起结算看是赚还是赔。比如，你进一批货花了4000元，卖了5000元，那么这批货你总共赚了1000元。也就是说，销售额为5000元，进货费用为4000元，两者相减，利润就是1000元（见表1–1）。

表1–1　　传统的杂货店经营表

| 项目 | 金额（元） |
|---|---|
| 销售额 | 5000 |
| 进货费用 | 4000 |
| 利润 | 1000 |

但是，杂货店卖的商品很多，到底哪些商品赚钱，哪些商品赚得多，哪些商品亏钱，哪些商品亏得多，你可能就稀里糊涂，并不知道了，因为你没有明细账本。

那么，如何才能核算出每类商品的盈亏情况呢？非常简单，那就是分类核

算，对每一类商品做一本明细账，分别核算出它们各自的销售额、进货费用和利润，然后做成一个表格（见表1–2）。

表1–2　　模式经营管理的杂货店经营表　　单位：元

| 项目 | 饮料 | 牛奶 | 方便面 | 日用品 |
|---|---|---|---|---|
| 销售额 | 1000 | 1300 | 1200 | 1500 |
| 进货费用 | 700 | 900 | 1400 | 1000 |
| 利润 | 300 | 400 | –200 | 500 |

通过这个表格，我们就可以很清晰地看出每类商品的盈亏情况：饮料销售额1000元，进货费用700元，利润300元；牛奶销售额1300元，进货费用900元，利润400元；方便面销售额1200元，进货费用1400元，亏损200元；日用品销售额1500元，进货费用1000元，利润500元。

通过这个表格分析比较，会发现日用品最赚钱，而方便面赔钱。那么，接下来是不是就不卖方便面了呢？其实，商业经营并非像加减乘除那样简单。很多时候，即便是不赚钱、赔钱的商品，也不得不卖。比如说这家杂货店，即便方便面赔钱，也不能把它砍掉，为什么呢？因为方便面能吸引客流，砍掉不卖会影响其他商品的销售。客户来了，一看店里没有方便面，有可能也不买其他的商品。因此，商业经营绝不能单纯地搞一刀切，而是要考虑主要卖什么，次要卖什么，哪类商品能引来客流。如此，才能将资金合理分配，把有限的资金用到好的地方，让其发挥最大的资金效益。

模式经营管理就是这样一套基于经营哲学的独立核算体系，适合各行各业、各种规模的企业。它能把企业各个商品、各个项目、各个部门的盈亏分析出来，帮助企业弄清楚哪些商品赚钱，哪些项目赚钱，哪些部门赚钱；哪些商品赔钱，哪些项目赔钱，哪些部门赔钱。老板就会知道哪些是费用部门，哪些是收入部门。弄清了这些，企业就能对资金合理分配，尽量把资金投入收入部门，同时减少费用部门的支出，从而让企业盈利最大化。

张雷点醒

你的企业，一个月打印纸用多少张，打印机换了几个墨盒，用了多少笔记本，你算过吗？在模世能，各个部门领用办公用品都要签字，这个月用了几包打印纸，这些打印纸都用到哪里了，都可追溯。这样大家在使用时就会有意识地避免浪费。最终，企业降低了成本。

## 2. 模式经营管理就是要实现人人价值最大化

模式经营管理的目的就是人人价值最大化。

要让每个人发挥他的最大价值，让他知道自己为什么干、怎么干、干到什么程度，从而培养具有经营者意识的人才。对于一个员工而言，他可能只是一个普通员工，或者一个基层主管，但是通过模式经营管理，就好像给了他一个公司让他经营。在这样的历练过程中，他就知道自己在企业的经营管理方面应该注意哪些问题，而不再是只关注自己工作岗位的一亩三分地。这样最终能为企业培养一大批具有经营者意识的人才，而且能不断地复制人才。

经典案例

### 诚宇包装是如何从个体户经营做到行业第一的

我2002年创立诚宇包装，那时候公司只有5个人，除了我们夫妻二人，就是家里的亲戚。到了2003年，公司快20个人了，一个人负责研发、生产、销售、管理已经忙不过来了。

我开始思考模式经营管理，增强员工的自主性。员工经过经营意识的历练，都能独当一面，这就为之后各分公司的创立打下了坚实的人才基础，各个分公司的自主性也非常强。诚宇包装在3年内就成为细分领域的第一名。

2014年组建的模世能，也采用了这种管理方式，发展也非常快。

有的员工在企业待了很多年，工作能力、沟通能力都很强，但就是没法跳出来，去接触管理。这就是因为企业缺乏模式经营管理机制，埋没了可造之才。

**经典案例**

有一年，我给浙江义乌的华虹控股做咨询，它算得上全国做相框、画框企业的龙头老大。我跟它的董事长聊天的时候，有一个下属来汇报工作，对董事长说："老板，我们山东分部要赶紧开了，山东那边很多客户都提出拿货不方便，要求赶紧把那边的分部开起来。"董事长说："我还不知道在哪儿开吗？来，你告诉我，让谁去啊？"话里面透出的意思是人才缺乏。

有那么好的产品，发现了那么好的市场，但是没有人去，这就很要命。所以企业要建立培养、复制人才的体系。

企业要发展，关键是人才。很多时候企业说没有人才，其实缺的是培养人才的机制。机制做起来了，才能不断培养人才、复制人才，为企业的发展储备人才。

企业搞模式经营管理，就是要挖掘、培养经营管理方面的人才，实现人人价值最大化。如何才能实现人人价值最大化？

**（1）确立与市场直接挂钩的部门核算制度，一切以市场为主。**

传统的管理模式，各部门各司其职，行政就是行政，后勤就是后勤，销售就是销售，仓库就是仓库，采购就是采购，相互之间几乎没有交集。要转变为一切以市场为主，建立同心圆的企业构架，所有部门都要围绕市场开展工作。

**（2）实现全员参与经营，让所有人都对接市场。**

模式经营管理就是解放人才，把员工变成经营者，实现全员参与经营，让员工从能干、会干到愿意干。

传统的管理模式下，销售部门业绩好与坏，与行政部门没有关系。行政部门不和客户接触，就算想做，也不知道劲儿该往哪使，这就是弊端。除了销售，其他人几乎都不和市场挂钩，这就很危险。现在要把每个员工都变成经营者。不管你是哪个部门的，都要与市场对接。

**（3）实现人人价值最大化的基础：让员工责、权、利对等。**

要想让员工成长，一定要让他的责、权、利对等。很多时候我们让员工干这件事情，但是他又在这件事情上做不了主，这就很危险。他不能做主，也就意味着他不会判断。丧失了判断能力，他还能成长吗？所以我们给员工一定的责任的时候，一定要给他一定的权力，还要让他获得相应的报酬，做得好就给他奖励，做得不好就没有奖励甚至受到惩罚。这样就激发了员工的主动性。

**思考：**你的企业有适合自身特点的人才培养机制吗？你的企业的培训体系存在什么问题？

## 3. “自负盈亏”具有一种强烈吸引力

引入模式经营管理，对公司到底有什么好处呢？先让我们一起看两个经典案例。

经典案例

### 极客联盟的经营模式

上海的餐饮业出了一匹黑马，叫极客联盟，它创立的经营模式非常有借鉴意义。

从前两年开始，上海的街边店越来越少，这使得一些小店老板没有了安身之处。那么，这些小店为什么不进大商场呢？因为大商场对品牌有限制，它们想进但进不去。在这种背景下，极客联盟产生了。

极客联盟的老板在商场里租一层或一片区域，改造成类似于美食街的形式，里面是一间一间的小店，都有独立的厨房，每一间店面都配好了水槽、灶台、排风、消防等设施，商家进来就能经营。极客联盟所选的商场都位于中心商业区，不愁客流；联盟有正规的餐饮执照，有自己的线上运营团队和线下地推团队，免费给进场的商家做产品推广。联盟还有自己的配送队伍，负责给商家对接饿了么、美团等，解决了配送问题。也就是说，商家什么都不用管，带着技术进来就行了。

那么，联盟怎么赚钱呢？每一个进场的商家，都至少要交五万元的进场费，再付两个月的租金。它的卖场统一收银，半个月给商家结一次账，比如，这个月1日到15日的营业额，下个月的16日才付给商家，这样，联盟在无形中就压了商家一个月的营业额。

极客联盟发展迅速，在上海已经有50多家了。

我去看过这些店，我给的建议是，一定要管理，管理搞不好，一旦哪个环节、哪个商家出了问题，整个品牌都会受损。比如后厨的卫生，一定要管好，这么多商家，要有统一的标准，否则，一家店出了问题，所有店乃至整个联盟，都会受影响。

经典案例

### 卡乐杯奶茶加盟连锁店

卡乐杯奶茶加盟连锁店目前是青浦最大、上海第三大的饮品公司，公司自2012年以来，连续亏损三年，负债高达1000万元。公司想了很多办法，对加盟商组织了各种培训，也做了很多管理上的调整，但都无法扭亏为盈。最终找到模世能寻求咨询帮助。

我们对其管理模式进行了调研分析，发现问题还是出在对各个店面的管理上。这些店名义上独立核算，但其实吃的是大锅饭，每家店并没有单独核算过自己的成本和盈亏状况，大家都不清不楚地待在一个锅里。

于是我们导入了模式经营管理，让每个店真正独立经营，自负盈亏。结果，卡乐杯只用了三个月，就实现了扭亏为盈。

从以上经典案例可以看出，模式经营管理之所以能够让极客联盟飞速发达，让卡乐杯奶茶加盟连锁店在三个月内扭亏为盈，是因为做到了以下几点。

一是公司（极客联盟）解决了所有令其麾下各个小店“头大”的装修消防问题、各种行政审批问题、客流问题、产品推销问题、产品配送问题等，而且这些小商家无须花很多钱就可以在里面开一家店。这样的经营模式颇具吸引力，可吸引大批的小商家或者相关的人才涌入，可为公司源源不断地带来大量的资金与利润，使公司获得飞速壮大和持续发展。

二是公司（卡乐杯奶茶）对每个“小店”放权，让其独立经营，大大激活了每个员工潜在的经营管理能力，不知不觉就提升了他们的判断力与决策力。如此，可为公司培养大批优秀的经营管理人才，使公司后继有人。

三是自负盈亏彻底打破了公司（卡乐杯奶茶）“吃大锅饭”的局面，破除了员工“不思进取、等靠要”的慵懒思想。在这种模式下，多劳多得，少劳少得，不劳不得，赚钱多自己得的就多，赚钱少自己得的就少，不赚钱自己就什么也没有，赔钱自己就得往里贴钱。这种模式大大激发了每个员工的工作积极性，使他们人人都具有危机感，人人都具有责任感。如此，公司既不用天天考勤，也不用担心谁会铺张浪费、消极怠工，更不用担心他们做不好、不赚钱而影响公司的效益。

**张雷点醒**

企业引入模式经营管理，真正把市场意识和经营意识植入每个员工心中，让每个部门都具有自负盈亏的意识，这样才能激发企业发展壮大的活力。

**思考：**你的企业是否存在吃大锅饭现象？

## 4. “以终为始”的模式经营管理顶层设计

“顶层设计”原本是一个工程学的概念，它强调的是将一项工程的“整体理念”具体化。也就是说，要完成一项工程，就要用理念一致、结构统一、部件标准化、资源共享、功能协调等系统论的方法，站在全局的角度，对该工程的各个要素和层次进行统筹考虑。30多年前，这一概念被很多跨国公司所采纳，成为经营管理的指导方针，公司运用顶层设计这一系统性思考的方法论，不仅能够解决企业内部的经营管理难题，还能够有效地解决错综复杂的市场问题，为公司的健康发展打下坚实的基础。

那么，什么是模式经营管理顶层设计呢？简单来说，模式经营管理顶层设计就是运用科学的方法论，对企业的未来发展做出科学的系统规划。这种系统规划，以“以终为始”为原则，以对用户需求的把握、对竞争格局的认知、对目标市场的理解为基础，通过科学、系统分析，把用户心目中理想的产品清楚地描述出来，预测未来有可能出现的问题和潜在的风险，设定好未来的经营管理目标，并罗列出实现这一目标的关键要素与主要挑战。然后企业根据这个目标，再进行资源配置，该买什么就买什么，缺什么补什么。

从模式经营管理顶层设计的定义可以看出，它就是企业的一个倒排时间表，根据未来的目标发展需要，先做好一个通俗易懂的“剧本”，然后让各部门的管理者依照这个“剧本”的分工，各司其职，扮演好各自的角色。在“剧本”上演的过程中，企业各级经理人充当的是导演和助理导演的角色，他们需要给具体的执行者“说戏”，以保障这一战略目标的落地和实现。

可见，对一个企业来讲，模式经营管理顶层设计是相当重要性的，企业一旦掌握了这一“顶层设计”的方法科学管理企业，企业的转型与升级就有了突破口，就能够顺利地完成。模式经营管理顶层设计不仅能让企业少走弯路，少缴学费，而且能够让企业从微利经营逐渐转向厚利经营，从后知后觉逐渐转到先知先觉，健康成长为具有国际竞争力的企业，实现质的飞跃。

当然，进行模式经营管理顶层设计，设计者不仅需要具有前瞻的目光，还需要具有顽强的毅力与执着的精神，更需要具有科学的方法论。如此，企业才能走好每一步，才能在激烈的竞争中立于不败之地。

一旦模式经营管理顶层设计的方法论深入企业每个人的意识与观念，那么，它就不仅是一种科学的管理手段，而且是一种高层次的管理哲学和深入人心的企业文化。在这种文化氛围里，每个员工都有自觉意识、自危意识和自负盈亏意识，都有荣誉感、责任感和使命感，都有积极性、主动性和创造性。我认为，这才是最重要的。

**思考：**你的企业各部门协同时是否出现扯皮和低效率现象？

## 5. 找到不足才能寻求突破——顶层设计的缺失表现

虽然顶层设计对企业至关重要，但以往大家不愿花费时间去做这个基础性的工作，而把关注点都放在了追求速度指标上，忽视了质量指标，只顾低头拉车而忘了抬头看路，这令企业付出了代价。不做顶层设计对企业来说是一个巨大的缺失，多半会产生一系列的问题，主要表现在以下几个方面。

**（1）对环境变化不敏感，缺乏危机意识。**

有的老板觉得企业现在做得不错，没有意识到这个行业的竞争很激烈，对环境变化不敏感。有的老板认为自己就是行业的老大，所以缺乏危机意识。而且越成功的企业，其老板往往越固执，他觉得自己的成功不是偶然的，所以坚守自己那一套，看不到环境在变、市场在变，就算看到了，也会固执己见。还有的企业跟风模仿很在行，自主创新能力却很弱，老板几乎没有培养创新团队的意识。

其实，视线以外的东西，才是最危险的。该怎么办呢？要时刻对未知保有危机意识。

**（2）企业战略模糊。**

模式经营管理顶层设计首先要设计战略。没有战略，就容易误把想法和梦想当成战略。

战略缺失了，很多人习惯于从前往后看，从前往后看的时候，就会想：我之前就是这样做成功的，为什么现在这样做就不行了？模式经营管理顶层设计缺失会导致企业的战略模糊。

**张雷点醒**

企业战略一般有产品领先战略、运营卓越战略、亲近客户战略这几种形式，后面会详细讲到。

企业战略缺失有以下五种表现形式。

第一，业务萎缩，业绩下滑。

第二，利润率低了。业绩少了，利润率不一定低，但是战略选择出了问题，利润率肯定低。

第三，人才流失。

第四，部门之间扯皮，内耗严重。

第五，执行力低下。

假如你的企业存在这些情况，那就有可能是模式经营管理顶层设计的战略设计出问题了。

**（3）企业转型失败。**

很多企业做了顶层设计，但是没做到位、没做好，或者做得不科学、不严谨，导致企业转型失败。转型失败的企业通常具有以下八个共性。

第一个，战略转型不明。就是不清楚企业到底要怎么转、要转什么、转到哪里。

第二个，团队的认识不同。就是所有员工的认识不统一、思想不统一，所以做起事来很难往一处使劲。

第三个，执行不到位。很多企业做事情老是执行不到位，不能严格地执行下去，导致战略转型失败。

第四个，客户大量流失。一是你的产品没有创新，服务没有创新，吸引不了客户；二是企业根本就没有服务，或者产品根本就满足不了客户需求；三是同行把你的客户抢走了。这些都是因为你的战略转型出错了，客户对你的企业，对你的产品看不到未来、看不到希望。

第五个，部门本位主义严重。就是企业内部各职能部门各自为政，只管把自己的部门做好，而认为别的部门出现问题跟自己没有关系。这是因为各部门都没把自己放在整个企业的链条上，不明白一旦链条上某个环节做成死结，自己也会无法推进工作。

第六个，公司的内耗严重。同样的事情，在重复地做，或者没人做。这是一种内耗，就是你也做他也做，做好了，分不出高低，做不好了也找不到责任人。

第七个，内部管理滞后。很多时候与其说是用制度管理，不如说是人在管理。虽然很多企业设置了很多制度，但人员执行力较差，执行起来总是不到位，以致管理非常混乱。要想提升管理效率，就应该从制度管理上升到人性管理、文化管理。

第八个，企业文化缺失。企业文化不是贴在墙上的标语，喊在嘴上的口号，而是落实到每个员工的行动，让别人一看就知道他是哪个企业的人。比如，房地产中介的员工，穿公司统一的服装，打领带，别人一看就知道他们是这个公司的；保险公司的员工出去做保险，每个人手里提着一个印着某某保险公司的袋子，别人一看就知道他是做保险的等。这就是企业文化最直观的体现——统一的形象。很多企业要求形象统一，口径统一，这也是企业文化的一种体现。

**思考：你聘请的职业经理，是否很难超越你的人格魅力？**

## 6. 站在不同的经营视角——顶层设计的三个维度

对任何企业来讲，顶层设计都是一个至关重要的工程，没有顶层设计，企业就没有精准的产品定位，就没有明确的目标群体，就没有系统的产品策划，就没有合适的价格体系，就没有清晰的渠道思路，就没有有效的传播方式。那么，你的产品再多再好也卖不出去，企业也就无法盈利。因此，顶层设计是企业存续、发展、壮大的前提，不仅要做顶层设计，而且要设计得专业、精深和系统。

一般来讲，顶层设计一共有三个维度。

**（1）商业模式是企业的原点，所以商业模式要不断创新。**

商业模式是所有企业经营、发展的原点。成功的商业模式，不仅能给企业带来十倍的发展速度、百倍的资产增值，促使企业超常规发展，企业的资本价值成倍增长；还能够与风险投资强强联手，资源互补，帮助企业迅速摆脱同行业之间的恶性竞争，傲立群雄。更主要的是，商业模式。不可复制。换句话说，商业模式就是你这样干的时候别人看不懂，即便是看懂了，也不知道自己该怎么干，等知道该怎么干的时候，你已经控制全局了。因此，成功的商业模式，一定会使企业获取对行业的控制力和定价权，从而获得高额利润和中长期效益，成为业内第一或者唯一。企业选择正确的商业模式，就等于选择了正确的起点、正确的成长路径和正确的方向。一个大企业瞬间衰败，其首因肯定是选择的商业模式出了问题。而一个小企业能够瞬间突破瓶颈，瞬间超越对手，走出拐点，其首因便是选择了一个正确的商业模式。

时代是发展的，特别是随着互联网的飞速发展，原有的行业格局被打破，新型的产业关系被不断重构，所有的企业都会面临转型与创新。面对新秩序和新挑战，企业必须不断创新商业模式，才能引领行业发展的新趋势。

众多企业在发展中遇到瓶颈，出现产品利润越来越薄、资金越来越紧张、同行竞争压力越来越大、渠道关系越来越难把控，客户忠诚度缺乏、核心竞争优势缺乏等现象，最主要的原因就是企业选择的商业模式不够好。

**（2）战略规划引导企业把握好方向，方向不能偏。**

很多大企业为了把握好未来的发展方向，往往都有意识地站在全局的角度，用长远、发展的眼光，对未来大约50年内的事情做出战略规划。所谓企业战略规划，就是制订企业的长期目标，并将其付诸实践。战略规划必须为企业解决两个基本问题：一个是企业的目标是什么，另一个是企业如何实现自己的这一目标。

企业有了战略规划，就等于有了大目标和发展大方向。但是在战略规划实施的过程当中，由于人为的原因、形势的变化、时代的变迁、市场的变化等，企业很难将道路走成一条直线，很多时候，其方向很有可能偏离原先设定好的方向，甚至会完全相反。为确保战略规划目标的实现，企业的管理体系一定要跟上，企业必须升级与转型，打造一套与时俱进的企业管理体系。这个体系要根据企业的战略规划，不断对偏离的路线进行修正和调整，甚至推倒重来，从而确保企业大方向的正确性。

**（3）利用资本的杠杆，让企业加速发展。**

企业可通过资本的运作快速推动成长和价值倍增。

在资本运作的过程中，聪明优秀的企业家考虑的，并不是有多少钱办多少事情，而是办多少事情需要多少钱，他们往往能让自己有限的资金创造出最大化的资金效益。在资本运行的过程中，他们仅需支付少量的资金，便可完成大事情，起到四两拨千斤的作用，从而让自己的企业得到快速发展。

## 7. 有好想法，更要有好工具——顶层设计的六个宏观要素

**（1）前瞻性预判**。

前瞻性预判是企业高层的一项最核心的工作，它是基于企业的现实情况，根据市场的演变规律和技术的发展趋势，高瞻远瞩，预估企业未来可能面临的外部环境与各种风险，让每一位员工明白企业未来可能面临的挑战与机遇，并提出怎样做才能减少或规避风险，把握机遇，让企业始终掌握主动权和主导权，领先于竞争对手。对未来做出科学的前瞻性预判，就相当于给员工描绘了一个清晰的未来，即未来要把企业做成什么样子，要建什么样的团队，要占领多大的市场份额，要做几个产品体系，员工能得到什么实惠等。这幅美好的“远景图”，能够有效地激发员工的主人翁意识，打造一个具有凝聚力的团队。

**（2）从后往前看**。

“远景图”画出来了，接下来要做的工作就是根据这幅图画进行倒推，也就是从后往前看，找出企业现在与未来目标之间的差距，以及要实现这个目标，企业现在要推出什么样的政策或制度，要制定什么样的产品策略，要配置什么样的资源，要招什么样的员工，要引进什么样的技术，要筹集多少资金等。总之，就是根据企业预判的终极目标，来找差距，做决策，选路径，配资源，缺什么补什么，激励员工，让员工明明白白地工作，引导他们发挥出自己的最高水平。

**（3）系统化思考**。

终极目标弄清楚后，接下来就是进行系统化、结构化的思考。所谓系统化、结构化的思考，就是努力寻找“根本解”，从源头上寻求答案，达到牵一发而动全身的效果。也就是说，对在什么条件下能够达成、哪些前提条件和边界条件必须满足、实现终极目标的充分条件和必要条件是哪些等问题进行思考。如果思考问题仅仅停留在问题的表面，根据表面现象做文章、出对策，头疼医头，脚疼医脚，那么其结果往往是治标不治本，老毛病依然很容易反复。因此，企业家一定要有全局的观念，每做出一个决策，都要进行系统化、结构化、全局化的思考，要想清楚它会对别的地方造成什么影响。企业家唯有拥有这样的眼界和格局，唯有将系统性的思考上升到理论的高度，他的企业才能够重复成功的模式和做法，才能够基业长青，越走越远。

**（4）方法论支撑**。

对于一个优秀的企业家来讲，有了系统化的思考，并能够将其上升到理论的高度还不够，还要有一定的方法论来做支撑。当然，这里说的方法论，是指企业的方法论，它包括战略规划、商业模式设计、产品研发体系、产品创新体系、市场营销4P（产品、价格、渠道、促销）原则、质量管理PDCA（策划、实施、检查、处理）循环等。其有效性和实用性是经过实践验证的，企业家一定要学会运用这些体系和方法，一旦学会并熟练运用，就等于掌握了做好企业的本领，虽然不能说一劳永逸，但在相当长的时间内对很多问题，比如经营业绩问题、市场营销问题、市场开发问题等，都可以应对自如，还可以保持组织的高效率，做出科学、符合企业实际、可操作性强的决策，减少重复劳动，避免内耗严重等。如此，就可以大大提高企业效益，使其健康发展。

**（5）数据化分析**。

企业要想追求卓越，要想成为行业中的佼佼者，就需要从小事做起，把每一件小事都做到极致。但在大数据时代，所有的精细化管理都是建立在信息化基础之上，离开了信息化系统，精细化管理就不可能实现。因此，在做模式经营管理顶层设计的时候，一定要形成一套科学的决策机制和运营管控体系，要基于数据化的分析，用量化的语言去沟通和决策。比如，你的企业现在要对一个产品转型升级，那你就要对这个产品进行数据化的分析，包括这个产品的客户的年龄、收入、所处的城市，以及他们喜欢在什么地方买这个产品等。通过对这些数据进行分析，做产品设计时你就会知道，你的产品该怎么设计才能迎合消费者的喜好，满足他们的需求，并让他们方便快捷地购买到。

（6）**科学化分解**。

再好的蓝图只有落地执行才会有意义。因此在做顶层设计的时候，一定不要忽视一个很重要的因素，那就是执行力。很多企业管理者，以为把任务布置下去一切就可以了，其实不然。如果分工不明晰，讲得不清楚，员工就不知道自己该做什么、该怎么做，如果员工没有工作的动力，即便知道了自己的工作任务，也不会尽心尽力去做。因此作为管理者，要想让员工把工作做好，一定要懂得如何把任务按部门、单元、产品等结构，科学化地分解下去，把任务变成实际的“动作”，用标准化的流程和工具把“动作”变成“规定动作”，再借助动力式的管理，来激发员工工作的主动性、积极性和责任心，让员工知道自己该干什么、怎么干，这样他们才能干得开心、干得用心、干得有劲。

## 8. 凡事都要抓重点——顶层设计的七个要点

（1）**定战略**。

定战略，通俗地说，就是把企业未来的发展路径想清楚，写清楚，说清楚，并让每个员工都搞明白企业面临的机遇和挑战。也就是要确定企业未来的发展方向，以确保企业运行在正确的航线上。

定战略时还要想清楚如何执行战略，并将其推演明白。战略一旦确定，企业就要义无反顾地贯彻执行，而不能朝令夕改。

定战略一般有七个步骤：设定愿景、设定战略目标、设定战略路线、确定领头人、分解战术、确定组织结构和预算、设计考核激励制度以及调整。

**（2）搭框架。**

搭框架，就是要搭建一个高效的组织管理架构。战略一旦确定，企业就要根据战略的需要，在企业内部组建各个职能部门，或者对企业内部现有的各个职能部门重新进行定位，明确管辖范围，厘清职责，确定工作重点。各个职能部门该组建的组建，该转型的转型，该升级的升级，该优化的优化，该调整的调整，直至构建一个最能符合企业业务发展需求的高效组织架构，与企业的战略衔接。

**（3）建团队。**

建团队，就是要打造一个强有力的执行团队。任何一个企业的成功，都离不开一个执行力强的团队，离开了团队的执行力，再优秀的企业家也会一事无成，再美好、再正确、再伟大的战略目标，也无法实现。因此，当企业的战略方向已经确定，企业的组织架构已经搭建，执行力就变得非常关键。只有打造一个强有力的团队，最大限度地发挥集体的能量与智慧，企业才能创造出最大的经济效益，才能确保战略目标的顺利实施与实现。

**（4）育文化。**

育文化，就是要建立符合企业实际情况的文化。企业文化的内容，一方面是自己企业转型后的共识沉淀，另一方面是汲取不同地域、不同行业的企业的先进文化精髓。构建符合企业实际的文化，是企业的一项至关重要的工作。因为企业文化既是企业的灵魂，又是企业的形象，是企业发展的重要动力和支撑。在企业成为适应发展要求的学习型组织、增强自主创新能力、不断汇集知识资源并转化成知识资本、凝聚协同作业的团队力量、实现人力资源到人力资本的转化、积极履行社会责任、实现可持续性发展的过程中，企业文化起着至关重要的作用。因此，企业文化一定要符合自己企业的实际情况，一定要符合自己企业的发展方向，一定要充满正能量，一定要与时代同呼吸。

**（5）倡目标**。

倡目标，就是要依据战略方向制订一系列的具体目标，这些具体目标其实就是战略目标的具体化，包括业绩目标、团队目标、市场目标等。每一个具体目标的完成，都意味着企业距战略目标更近了一步。

**（6）明绩效**。

明绩效，就是要有明确合理的绩效管理体系，这个体系不仅是对企业每个员工的绩效进行考核，而且是企业人事管理的一项重要内容。企业根据每个员工的绩效考核结果，实现对员工及时监督，有效指导。绩效管理体系通过绩效考核，提高每个员工的工作效率，最终实现企业的目标。

**（7）做计划**。

做计划，就是要根据具体目标，把年度行动计划做出来。这个计划一定得是科学的、切实可行的。

## 9. 从理念到成果——落地九步骤

**（1）经营哲学的提炼和宣导**。

企业经营哲学是企业的核心经营理念，它是在企业文化的指导下，以经营人心为基础，逐渐使员工的价值观与企业的价值观保持一致，确保员工的自主经营能够有效实施。正向的经营哲学能够发挥好的经营导向作用，能够起到事半功倍的作用。因此，经营哲学的提炼，一定要确保过程的科学性，以确保经营哲学的正向作用。科学的经营哲学提炼，一般都是综合考虑客户、员工和企业三方的价值取向。这个过程一般分为两个阶段。

第一阶段，经营哲学的初步提炼。基于对企业内外部环境的SWOT分析（态势分析），找出企业的优势、劣势、机会和威胁，在此基础上便得出企业的经营哲学定位，根据这个定位便可形成初步的经营哲学理念。

第二阶段，对初步的经营哲学进行论证。对初步的经营哲学进行论证一般采取“明线”和“暗线”两条线路。“明线”是指经营哲学初稿在高层中没有形成明确的主张，经过在高层、中层、基层会议上进一步的讨论和提炼，再通过会议和研讨，逐渐引导中、基层员工与高层的想法一致，并达成共识。“暗线”是指依据高层的想法与愿望，先就经营哲学的内涵部分基本达成共识，再在员工中进行讨论。

可见，经营哲学提炼的过程，是一个统一思想的过程。但是，有了经营哲学，并不意味着一切都可以了，只有经营哲学的理念深入人心，并渗透到企业的方方面面，它才能真正发挥正向的引导作用。因此，必须在企业上下进行宣传督导，让经营哲学落地生根。

**（2）企业事业梳理。**

企业事业梳理就是对影响企业发展的活动的梳理，它包括企业战略梳理、企业文化梳理、企业制度梳理、企业管理考核流程梳理、企业业务流程梳理、企业品牌梳理、企业风险点梳理等。通过梳理，企业可以很清晰地看出每一项活动的优势和劣势，优点和缺点，以便在以后的运行中发扬好的，改正不好的。

**（3）分阶段进行模式组织划分。**

模式组织划分就是将企业整体划分为一个个能够自主经营、独立核算、自负盈亏的"小公司"一样的组织。模式组织规模普遍较小，且灵活多变。模式组织是企业为适应激烈的市场竞争和快速变化环境的要求，而对企业传统的组织构架进行的重大调整、优化、改革，因此，必须谨慎操作，分阶段实施。

**张雷点醒**

企业高管们整日陷入日常生产经营活动，行政机构日益庞大，各职能部门横向联系较少、协调越来越难，各职能部门的成员只注重部门目标而不注重企业的整体目标，工作效率低下。这是因为在传统的企业管理模式下，层级式的企业组织结构一旦确立，便会长期保持不变，致使组织结构僵化。

**（4）分阶段进行组织内部市场化。**

组织内部市场化，就是指每一个"模式组织"都是一个小的独立经营体，都能与市场直接联系，自主经营，独立核算，自负盈亏。这种模式是一种"全员参与"的经营模式，其本质就是"组织内部市场化"。这对传统的企业组织模式也是一种改革和挑战，企业在进行组织内部市场化的过程中，势必会触及很多人的利益，引发抵抗和反对。因此此项工作也不能操之过急，必须分阶段进行。

**（5）导入模式经营管理会计独立核算。**

与组织内部市场化相伴而生的，是导入模式经营管理会计独立核算，也就是说，每个模式组织都是一个独立的经营体，都要进行成本、收入和利润核算。比如，一家陶瓷公司有混合、成型、烧结、精加工四个职能部门。假如混合部门花一元购买原料泥土，加工后以二元的价格卖给成型部门，从中赚取一元。成型部门把买来的半成品塑造成型后，以三元的价格卖给烧结部门，从中赚取一元。之后，烧结部门又以四元的价格将制品卖给精加工部门，从中赚取一元。最后，精加工部门把成品陶瓷，以五元的价格卖向市场，也赚取一元。

从这个案例可以看出，陶瓷公司的四个职能部门，都是责、权、利完全独立的经营体，都导入了模式经营管理会计独立核算，都能独立核算自己的成本、收入和利润。

**（6）定期召开业绩分析会，改善业绩。**

模式经营管理有一个重要思想是“人人成为经营者”，这是为了培养人才，促进企业进步。因此，在这种模式下，业绩改善是每一位员工的责任。而要找到改善点和改善方法，就需要对模式组织的业绩进行分析。

企业经营管理部、财务部和人力资源部等部门，每个月、每个季度、每半年都需要定期召开专门会议，对企业各职能模式组织的业绩进行分析。也就是各部门从各自专业的角度，以各个模式组织的经营报表为基础，对它们各自的目标计划值与实际完成值之间的差异进行月分析、季度分析、半年分析、年分析。通过分析，帮助它们找到业绩的改善点与改善方法。业绩改善以“销售额最大化、经费最小化”为原则，开源节流，最大化地增加收入、节约成本和费用，从而实现企业的高收益。

**（7）构建年/季/月度经营计划体系。**

优秀企业制订的远景目标，往往存在于能够使企业走向辉煌的年/季/月度经营计划之中。因此，要想把企业做大，首先必须要构建起一套年/季/月度经营计划体系，以完善的管理制度，来确保年/季/月度经营计划的完成。

**（8）构建公平、公开、公正的业绩评价体系。**

要想改善经营管理，要想提高经济效益，要想增强企业核心竞争力，企业高管层需要客观、真实、公正的业绩评价数据。因此，对每一个企业而言，构建公平、公开、公正的业绩评价体系是当务之急。

**（9）构建业绩评价结果应用体系。**

企业业绩评价结果，是对企业当期业绩的衡量。管理者可以评估企业目标的实现情况，来评估企业是否能够按时实现目标，以及目标是否需要调整等。例如，先了解各个小模式组织的工作情况和业绩情况，根据结果决定下一步该如何更充分地调动各个小模式组织，乃至每个人的积极性等。因此，要想及时解决上述这些问题，必须构建一个高效的业绩评价结果应用体系。

## 阅读思考

（1）你的企业在转型过程中遇到了哪些问题？

（2）模式经营管理的好处是什么？

（3）组织内部市场化为什么要分阶段进行？

（4）怎样才能让员工像老板一样思考、决策和执行？

# 02 第二章

## 不忘初心的哲学思维
## ——企业经营理念

※ 经营理念是企业追求利益、经营战术战略的核心，是企业经营思想、意识和方法的心脏，是企业董事长、总经理以及全体员工行动的总目标。经营理念不可轻易动摇，不能随意更改修正。但是，时代在发展，企业经营环境也会随之变化，企业经营理念也不能永久不变，它必须在检验中进行修改完善。

## 1. 经营理念是企业经营的根本

经营理念即创办企业最根本的判断，是企业创始人的初心。经营理念是企业经营的根源，也是客户、竞争者以及员工价值观与正确经营行为的确认——为什么要做这件事。然后，企业在此基础上形成企业基本设想、发展方向、共同信念与价值观，以及企业追求的经营目标。

经营理念具有以下几个特点：第一，它发自企业创办人对经营的内心认知；第二，它是对人、社会、自然、经济、产业的根本判断；第三，它最少能够指导30年以上的企业经营；第四，它是指导一切经营活动、制度、思维方式的根本。

经营理念是系统的、根本的管理思想，是经营的原则。管理活动都要有一个根本的原则，所有的管理都需围绕一个根本的核心思想进行。经营理念决定企业经营的方向，是企业发展的基石。

因此，对企业来讲，经营理念的正确与否，决定企业未来的道路发展方向正确与否，决定企业未来的命运长久与否。经营理念正确健康，企业的路就会越走越宽，企业的前途就会一片光明，否则就是自断前程。比如同样是奶制品行业，如果一个企业的经营理念是为了全中国的人都喝健康的奶，那么，这样的企业就不会在牛奶里面“掺假”，会始终保持牛奶的绿色健康品质，进而成长为行业翘楚。而那些生产假牛奶、毒牛奶的企业，其经营理念低俗错误，只是为了赚钱，所以都不会长久。

很多企业之所以生产、经营假冒伪劣商品，就是因为企业老板的经

营理念就是为了一个“钱”字。为了赚钱，他们完全不顾消费者的利益和生命安全，无论什么质量的产品都做、都卖，反正卖出去的产品与自己无关。这样的企业，由于经营理念的低俗和错误，即便开始赚了点钱最终也会走入“死胡同”。经营理念不对，再好的项目企业也做不好，企业发展更不会长远。

**思考：**你的企业经营理念是什么？

## 2. 经营理念背后的多重意义

那么，企业创建经营理念有什么好处呢？企业创建经营理念的意义是什么呢？创建企业经营理念具有以下意义。

**（1）经营理念是企业的灵魂。**

没有经营理念，企业就没有灵魂。一个没有灵魂的企业，得不到客户的尊重，也得不到市场的认可。经营理念出现偏差和错误，企业就没有高尚的灵魂，就做不出好的产品，企业就不能盈利，不能成长，不能发展壮大。

**（2）经营理念是推动企业持续发展的动力。**

正是有了经营理念，我们才想到应该这样去做企业，明白了这样做企业的意义和价值，有了持续的动力，来把企业做好。比如，浙江某鞋业有限公司的经营理念是“质量立企，品牌兴业”，所以公司才有了重视鞋的质量品质、全力打造品牌的动力，从而赢得了社会广泛的认同和信赖，赢得了客户，赢得了市场。

**（3）经营理念决定了企业发展的方向。**

经营理念决定了企业经营的根本方向，有了正确的方向，企业才能求发展。为什么有的企业做不大、做不长久？就是因为经营理念有问题，方向不对。方向不对，企业势必会走弯路，甚至会误入歧途、自断前程。很多企业掺假造假、偷工减料、生产出售假冒伪劣产品，就是因为它们的经营理念错误，进而发展方向错误，这样的企业注定走不长远。

**（4）经营理念是企业智慧来源的保障。**

任何企业的发展与成功，都是企业全体人员智慧的结晶。正确的经营理念保障企业聚拢正确的智慧。比如浙江某鞋业有限公司，围绕“质量立企，品牌兴业”这一经营理念，聚拢了一大批优秀的设计师，他们深入研究中国女性的审美，聚焦国际鞋履的潮流新风尚，在传统中融入了新的时尚元素，所以设计出来的女鞋款式不仅时尚雅致，而且品质优良，从而打造了品牌，赢得了广大消费者的青睐。

**（5）经营理念是企业运营和盈利的前提。**

进行模式经营管理顶层设计时，首先要找到自己企业的经营理念，要搞清楚为什么这么干，并让更多员工理解、接受企业的这种经营理念，让他们明白企业的发展方向。只有这样，他们才能看到企业未来的希望，也看到自己未来的希望，懂得自己作为一名员工肩负的责任，从而激发积极性和主动性，激活智慧，从被动服从走向主动工作，把自己从“人员”变成有用的“人才”，大家才能心往一处用，劲往一处使。如此，企业的运营才能顺利畅通，企业的盈利才能得以实现。这也是做企业的初心。

**张雷点醒**

很多企业的员工之所以组织观念不强，纪律涣散，工作不积极主动，就是因为他们对企业经营理念不明白、不理解。企业经营理念不是写在纸上的口号，也不是贴在墙上的标语，经营理念应该植入每个员工的心田，落实到每个员工的行动上。

**思考：**你的员工懂得企业的经营理念吗？

## 3. 创建企业经营理念的三个原则

我们该怎样创建一个健康正确的企业经营理念呢？这就需要弄清楚做企业是为了谁，弄清楚这点以后，企业经营理念就很清晰明了了。模世能认为，创建一个好的企业经营理念，需要掌握以下三个原则。

**（1）以人为本。**

人是最大的财富，有了人就什么都不用愁。大家都知道做脑白金的史玉柱，当年几乎赔得精光，欠了很多债，可是为什么后来能够东山再起呢？就是因为他有人，他有自己好的团队；他有好的为人，能赢得柳传志等人的帮助。

**（2）利他为先。**

做事情的时候，我们不要只考虑自己的利益与得失，还要站在别人的角度，看一看做这件事情是不是有利于他人。不利于他人的事情，即便对你很有利，最好也别做，因为你做了，最后得到的也不一定是你所期望的。例如，馒头的市场价格一般为一元两个。很多做馒头的生意人都认为把馒头做得小一些自己就可以多赚一些钱，为什么呢？因为这样可以降低成本。可是真正会做生意的人把自己的馒头做得比市场上同行的稍微大一些，那么他赚的钱就会比同行的多。为什么呢？因为同样的品质，同样的价格，大的馒头有利于顾客，会吸引顾客，实现薄利多销。小的馒头虽然成本低了，但顾客是吃亏的，买的人就少，销量上不去，赚的钱自然会少。这样的例子在市场上是很普遍的，卖包子的馅大皮薄的赚的钱多，开饭店的菜量大、味道好的赚的钱多，开商店的送点小赠品的赚的钱多，等等。就是因为商家虽然多投入了点小成本，但很有利于顾客，顾客才愿意买。顾客多了，产品的销量自然上去了，商家肯定会多赚钱。因此，无论是做什么行业的企业，都要懂得为了利他而适当地舍弃，你舍弃的越多，得到的也就越多。当然，这样做乍一看好像是企业吃了亏，但实际上企业得到了更多。

（3）**大爱为根**。

大爱就是对民族、对社会、对国家、对人类的无私奉献和责任担当。任何企业做产品、做事业，都必须有利于民族、有利于社会、有利于国家、有利于人类，这是根本原则。缺失了这个原则，企业经营理念就没有了根基，企业随时都有可能倒塌。做企业经营理念的时候，一定要想想你的初心是什么。你的初心一定要有大爱，因为这是根本。有了大爱，企业经营理念才不会出现偏差，企业才不会背离大方向，才不会走错。

掌握以上三个原则，企业就能够创建出健康的、向上的、正确的、有效的企业经营理念。有了这样的理念，企业才能在激烈的竞争中谋求生存，发展壮大。比如模世能的经营理念是“为客户谋品质，为员工谋福祉，为企业谋利润，为社会谋贡献，为人类谋幸福”。这里面有体现以人为本原则的“为员工谋福祉”；有体现利他为先原则的“为客户谋品质”；有体现大爱为根原则的“为社会谋贡献，为人类谋幸福”。有了这样正确的企业经营理念，模世能就得到了健康快速的发展。再比如蒙牛的经营理念是“对消费者——提供绿色乳品，传播健康理念；对客户——合作双赢、共同发展；对股东——高度负责，长效回报；对员工——教育培训，成就人生；对社会——依法经营，强乳兴农，保护生态，回馈大众”。很明显，三个原则都在里面，这是蒙牛的企业经营理念，也是蒙牛对社会公众的承诺。蒙牛是按照这个理念经营的，它兑现了自己的承诺，所以才赢得了人心，赢得了市场，成就了今日的辉煌。

**张雷点醒**

企业经营理念是一个企业的灵魂，是企业谋求发展的基石。很多优秀的企业家之所以获得成功，就是因为他们以“以人为本，利他为先，大爱为根”为原则，创建了很好的企业经营理念，并遵从了这三个原则，企业聚拢了人才和智慧，打造出了强有力的团队，赢得了客户的青睐，赢得了市场的份额，更主要的是，赢得了社会广泛的支持和关注。这样的企业才能做长久，才能做强大。

**思考：**以“为客户谋品质，为员工谋福祉，为企业谋利润，为社会谋贡献，为人类谋幸福”为参照，怎样创建你的企业经营理念？

## 4. 经营理念需在实践中修改、调整与转变

前面已经讲过企业经营理念的概念、意义以及如何创建好的经营理念，从中我们可以知道，企业经营理念在企业中的位置和重要性。企业只有有了明确的、始终如一的、精确的经营理念，才能够持续发展。但是再好的经营理念也不是一成不变的，当经营理念中一些内容落后于时代的发展，不适应外部和内部的环境，不能应对市场的变化与挑战时，就需要适时修改、调整与转换。

否则，这样与现实脱节的企业经营理念，不但不能在企业中发挥效能，还有可能让管理者做出错误的决策，把企业引向错误的发展方向，导致企业失去科技上的优势、缺失共同的信念、达不到追求的经营目标，从而陷入困境与危机。而且面对这样糟糕的局面，即便再优秀的企业家也会束手无策。

目前很多名牌大企业陷入困境，企业家们多半将其归罪于全球经济不景气、市场疲软、员工消极怠工等，但这样的说法是不公正的。

经典案例

### 美国IBM公司的正确决策

以美国的IBM公司（国际商业机器公司）为例，在电脑发展初期，IBM的高层们坚信，未来电力普及到哪里，电脑便会普及到哪里。而且他们从科技、经济、社会发展的角度预测，未来肯定是主机电脑主导天下。有了这样的预测，公司便开发、推出了功能强大、可以供很多人同时使用的中央电脑，因为这种电脑对任何公司来讲，绝对都是特别划算的，市场前景肯定很好！然而就在这种主机电脑刚开始推广普及之时，有人却开发出了个人电脑。刚一开始，IBM公司几乎所有人都坚决不信个人电脑会有发展前途。

可是，从最早的苹果个人电脑，到后继的机种Mac（麦金塔电脑），一上市就颇受市场青睐，订单像雪片一般飞来。这引起IBM主管的警觉，他立刻意识到，未来的主流就是个人电脑，于是果断做出一项决策。几乎在一夜之间，IBM的体制、生产、营业都进行了重新规划，还成立了两个互相竞争的团队，专门负责研发“更简单的”个人电脑。

这个决策实施后的两年，IBM公司便成为世界最大的个人电脑产业标准的制定者，这是相当厉害的！

尽管IBM公司在个人电脑问题上反应很快，决策很果断，但是，在当今的大环境下，这样优秀的企业，也陷入了困境，而且似乎无能为力。

为什么呢？就是因为IBM的经营理念没有因时代、环境和市场的变化而改变。在个人电脑飞速发展的时代背景下，IBM公司依然认为，主机与电脑虽然是截然不同的两个项目，但它们是相互依赖与补充的，一家公司可以同时做，共存共荣，不分主次。这表明IBM公司的经营理念已脱离现实。但IBM公司没有考虑过这个问题，也不这么认为，并基于这种经营理念，做出了错误的决策，把精力放在了二者的结合上，还指望着主机赚钱。这就真的把自己给害惨了。

其他大企业陷入困境的原因，与IBM公司的基本相同，都是它们赖以决策与行为的根据，已经与现实脱节。也就是说它们旧有的经营理念，与当今的时代、经营环境和市场严重脱节，以至于管理层的决策与行为，都是按老规矩来。在大家的意识里，符合经营理念的就是正确的，至于企业该做什么、不该做什么，决策是不是合理、是不是正确，却没有人考虑过。这样势必会把企业带入险境。

因此，管理者绝不能让作为企业追求业绩根据的经营理念固化、僵硬与失效，而要把它放到实践中接受检验，并在检验中不断修改、调整与转变，明智而理性地扬弃，并不断赋予新的先进性的内容，让其顺应时代、顺应环境、顺应市场。这样的经营理念才能在新的经济与社会环境中发挥积极有效的作用。

可见，企业经营理念的形成，并不是源于一时的想法，不是一蹴而就的，而是通过经年累月的思考、努力和实践，并且经营理念在实践中要不断得到检验和发展。

**张雷点醒**

很多优秀的企业家站在未来的角度，高瞻远瞩，创建的企业经营理念功效宏大而持久，可以维持数十年不变。但时至今日，企业正在进入一个不同于以往的崭新时代，如果企业再继续沿用旧有的经营理念，显然是不行的，大企业更是如此。

## 阅读思考

（1）企业经营理念是不是企业家一时的想法？

（2）企业经营理念的意义是什么？

（3）怎样才能让你的企业永续成长？

03

第三章

# 形成精神合力的关键
# ——企业的使命、愿景和目标

※ 作为企业老板，你不仅要考虑怎样做好企业，还要考虑为什么要做企业，要把企业做成什么样，要把企业带向何处。也就是说，要搞清楚企业使命是什么，企业愿景是什么，企业目标是什么。只有搞清楚了使命、愿景和目标，才能够对无数的商业决策与选择做出正确的判断，才能够聚集志同道合的战友，才能够点燃员工的激情，不断鼓舞士气，让大家一起为实现梦想而工作。

## 1. 从“我们的事业是什么”开始思考

所谓企业使命，是指在社会进步与社会经济发展中，企业应该扮演的角色和担当的责任，表达的是企业的根本性质、经营思想以及存在的根本目的与原因，是对企业经营领域和经营业务的描述，即“我们的事业是什么，我们是做什么的，为什么这么做，以及要做到什么程度”。

使命是企业在某个经济领域存在与开展业务的理由，即为什么在这个领域开展这个业务，未来要做到什么程度。这个业务可以是企业目前经营的业务，也可以是企业未来要经营的业务。

**经典案例**

20世纪20年代，AT&T公司（美国电话电报公司）的创始人贝尔提出，“要让美国的每个家庭和每间办公室都安上电话”。这就是AT&T公司的使命，它描述自己的经营领域为电信领域，经营业务是制造电话，做电话的原因和目的是让美国的每个家庭和每间办公室都安上电话。

20世纪80年代，微软公司创始人比尔·盖茨提出，让美国的每个家庭和每间办公室桌上都有一台PC（个人电脑）。这也是微软公司的使命，它描述自己的经营领域为电子领域，经营业务是制造PC等电子产品，做PC的原因和目的是让美国的每个家庭和每间办公室桌上都有一台PC。

这两个公司肩负着自己的使命，并为实现自己的使命奋发图强，不懈努力。到今天，这两个公司都基本实现了他们的使命。

企业使命是企业确立目标与制定战略的依据，企业在制订目标和设计战略之前，都必须先确定企业使命。

企业使命包含以下含义。

**（1）企业使命是企业存在的原因或理由，是对企业生存目的的定位。**

这里的“原因或理由”，指的是企业“提供某种产品或者服务”，或者“满足某种需求”，或者“承担某个必不可少的意义重大的责任”。任何一个企业都必须明确自己存在的合理原因或者存在的理由，并以此有效说服社会和公众。如果一个企业存在的理由连自己都说服不了，那么，它的经营就有问题。因此，企业经营者们应该对自己的企业使命了然于胸。也就是说，企业的宗旨是什么，企业要为社会及利益相关者提供什么样的“价值”，企业经营者一定要胸中有数，一定要时时提醒自己。

**（2）企业使命是对企业生产经营形象的定位。**

企业使命反映的是企业试图为自己树立什么样的形象，意在向社会和公众展示自己是一个什么样的企业，比如“一个愿意担当的企业”“一个健康向上的企业”“一个技术一流的企业”等。有了明确的形象定位，企业在进行经营活动过程中，就会始终向社会和公众展示自己的这一形象，并且为了这一形象而不懈努力。

## 2. 企业使命催生出无限想象空间

企业使命对一个企业来说是至关重要的，它足以影响一个企业的成败。为什么这么说呢？就是因为企业使命回答的不仅是企业是做什么的，还有企业为什么这样做、要做到什么程度，意义非常重大。崇高、明确、富有感召力的使命，不仅为企业的发展指明了方向，而且能生出无限的想象空间，让企业的每一位员工都能明确自己工作的真正意义。也就是说，通过宣传企业使命，来让广大员工知道做这件事情对企业、对自己的重要性和意义，激发出他们内心深处的动力和热情。当他们知道自己为什么做这件事情的时候，不用催不用喊，他们也会想尽一切办法把这件事情做好。比如迪士尼公司的企业使命是“让世界更加欢乐”。这样的使命，极大地鼓舞了迪士尼的员工，使他们对企业、对顾客、对社会倾注更多的心血与热情。

因此，企业使命是企业文化里最高层次的文化理念，对企业的发展、经营管理和企业文化建设都具有导向、激励、鼓舞等积极的作用。任何一个企业要想持续发展、走向辉煌，都必须靠强有力的企业使命来驱动；要想造福大众、造福社会，都必须靠强有力的企业使命来保障。为什么这么说呢？就是因为企业使命能够使整个企业保持经营目的的统一性，能够协调企业内外部的各种矛盾，能够建立起一个统一的企业氛围和环境，能够树立用户导向的思想，能够表明企业的社会政策，能够为企业配置资源提供基础或标准，能够明确企业的发展方向与核心业务，能够为企业提供持续、稳健、向上的平台。

假如一个企业没有使命，或者使命很肤浅，企业就会如同一盘散沙，组织混乱，理念不清，目标模糊，价值观不统一，员工消极怠工等。那么这样的企业就不能够为大众造福、为社会造福，那么这个企业存在的价值就会受到质疑。

### 经典案例

腾讯公司是我国几大互联网综合服务提供商之一，它的使命是，通过互联网服务提升人类生活品质。这个使命的范围很大，不仅包括人们上网交友、聊天，还包括生活的方方面面，所以非常鼓舞人心，激发了腾讯员工的工作热情，他们为提升人类的品质生活呕心沥血，打造各种平台，为用户提供各种生活上的便利。现在这个使命已经基本实现了：通过互联网，人们随时随地都能做生意赚钱、买东西、聊天、视频、学习、阅读、发表意见等，人们的生活更方便，更快捷，更愉悦，生活品质确实比以往高了。人们出门不用带钱包，只要带着手机和身份证，就可以到处跑；买东西不用出家门，只要在互联网上下了单，很快就有人送到家。以前大家出差，都喜欢买点当地的土特产带回来，现在就不用了，坐在家里随时都可以买全国各地的土特产等。不仅如此，互联网的发展还促进了物流行业的大发展，解决了很多人的就业问题，保障了他们的生活，提升了他们的生活品质。这就是互联网给我们的生活带来的深刻变化。

从这个案例可以看出，企业使命不仅影响一个企业的成败，而且对民族、对国家、对社会、对人类的生产生活都有重大的影响；它不仅能够造福大众、造福社会，还能够把社会推向一个崭新的时代。这就是企业使命的价值和意义所在。

## 3. 企业使命的“三高”特征

企业使命说明了企业为什么存在，企业存在的价值是什么，具有以下几个基本特征。

**（1）以人为本，人的使命高于物的使命。**

不论是人还是物，都有自己的使命。人的使命就是一个人为了什么而活着，活着的价值是什么。每个人都肩负着一定的使命，比如警察的使命是铲除黑恶势力，扫除百姓心中的阴霾。一个人如果不知道自己存在的价值，那么他的生活就会一塌糊涂，没有什么意义。同样，物的使命就是这个“物”为了什么而诞生、而存在。物的使命一般是满足人的某一种需求，一旦满足了人的这种需求，它的使命就完成了，它就失去了存在的价值，或者又被人赋予新的使命。同样，企业的使命就是企业存在的价值，企业存在的价值就是为社会、为人类谋求某种福祉。假如一个企业连存在的价值都没有，这个企业的存在就会受到人们的质疑，也就没有存在的意义。因此，企业的使命无论是什么，都是围绕着人来做的，企业使命的第一个基本特征就是以人为本，人的使命高于物的使命。

**（2）共同的使命高于个人的使命。**

企业的使命也就是全体员工共同的使命。也就是说，我们大家一起努力，要把这个企业做成什么样，而不是你个人要成为什么样的人。任何一个企业员工的使命都应该服从企业的使命。因为企业的兴衰，直接关系到每个员工的切身利益。企业兴旺，员工个人才能受益；企业衰退，即便你自己做得再好，也得不到什么益处。企业的使命完成不了，个人的使命也难以实现。因此，员工要把大家共同的使命看得高于自己的使命。当个人的使命与企业的使命发生冲突时，个人要服从企业。

**（3）对社会的使命高于对企业的使命。**

企业与社会的关系，就好比个人与家庭的关系，每个人都是家庭中的一分子，都有义务为家庭的兴旺而努力工作，努力赚钱，这样家庭的生活才会越来越好。家庭生活殷实，个人才会幸福。同样，任何企业都是社会中的一分子，与社会的命运息息相关。企业为社会谋福利、做贡献，社会才会向前发展。社会繁荣昌盛，企业的路才会越来越宽，前景也会越来越光明。因此，对社会的使命应该高于对企业的使命，在考虑利益的时候，企业不仅要考虑自身，还要考虑客户、员工、股东、社会和国家，企业因它们而诞生，为它们而存在和发展。离开了它们，企业就不能存在，也没有存在的意义和价值。比如，模世能的经营理念是为客户谋品质，为员工谋福祉，为企业谋利润，为社会谋贡献，为人类谋幸福。从中不难看出，模世能对社会的使命高于对自身的使命。在考虑利益的时候，模世能考虑的不只是自身的利益，而是先从客户到员工，再到股东和企业，最后到社会和整个人类的利益。

**（4）对客户的使命高于对生产的使命**。

企业对客户的使命高于对生产的使命，就是企业生产一个产品，怎么生产不重要，关键是生产出来的这个产品，能给客户带来什么样的价值，带来什么样的体验。换句话说，企业做这个产品，能给客户带来的好处和价值，一定要大于企业生产这个产品所得到的好处和价值。

经典案例

腾讯公司的使命为通过互联网服务提升人类生活品质，公司的口号"一切以用户价值为依归"，就是根据公司的使命来制定的，意思是做互联网服务，依托的是用户的价值，目的是给用户带来价值。也就是说，公司对客户的使命高于对生产的使命，公司怎么研发、怎么打造各种互联网产品都不重要，重要的是，怎样根据用户的需要去研发、去打造。打造出来的各种互联网产品能为用户带来更便利、更快捷、更愉悦的服务，能够提升他们的生活品质。目前，这个使命已经基本实现了，互联网产品和服务像水和电一样融入我们的生活，为我们带来了便利和愉悦。原来买袋大米，需要去超市扛回来，现在通过互联网下单，就会有人把大米送来。这就是给用户带来的好处和价值。还有就是腾讯打造出开放式的共赢平台，与合作伙伴共同营造健康的互联网生态环境。比如微信，它是开放式的，谁都可以注册、建群、发朋友圈，后来又衍生出微商，通过微信创业，人们又多了一种创业的手段和平台，又多了一个买好东西的平台等，这些都是腾讯给客户带来的好处和价值。

基于客户的需求，腾讯公司的互联网服务产品还会继续优化和增加，通过互联网服务，腾讯公司会给客户带来更高的品质生活、更多的便利性、更多的愉悦。因为，这是腾讯的使命。

企业经营必须是一个不断满足顾客需求的过程，而不只是一个不断生产产品或服务的过程。因此，企业生存的目的，应该是满足顾客的某种需求，而不只是生产某种产品。

## 4. 立足于需求，特别是创造需求

企业使命是企业生存的根本原因和目的，是对企业生产经营形象的定位。企业明确自身的使命，目的就是确定企业在实现远景目标的路程中必须承担的责任或义务。那么，如何表达企业使命，才能充分表达企业必须承担的这种责任或义务呢?

**（1）企业使命的表述应该以需求为导向，而不是以产品为导向。**

企业使命是企业最高层次的文化理念，在企业发展、经营管理与企业文化建设中起着导向和激励的积极作用。前面已经讲过，企业经营的过程是一个不断满足顾客需求的过程，而不是一个不断生产产品或服务的过程。一个企业无论生产出技术多么先进、品类多么众多的产品或服务，其目的都是满足顾客的需求。因此，企业使命的表述应该以需求为导向，而不是以产品为导向。

比如腾讯公司的两大产品QQ和微信，如果把该公司的使命描述成“做在线聊天和娱乐的工具”，给人的感觉就是腾讯的形象很肤浅。那么，这样的企业使命还能够指引和激励广大员工开发更多的互联网产品或服务吗？但是如果把使命描述成“通过互联网服务提升人类生活品质”，给人的感觉就不一样了，就会让人觉得腾讯公司的目标很明确宏大，形象很健康伟岸，肩负的责任很重大，所做的事业很伟大。那么，这样的描述不仅大大提升了企业存在的价值，更主要的是，它引导着腾讯走正确的发展之路，激励着无数腾讯人为了这个使命而奋斗不已。

**（2）表述范围既不能太宽也不能太窄**。

就是说，表述企业使命的时候，一定要掌握好度。描述的范围不能太宽，太宽了就可能太模糊，显得空洞无物，不着边际，让人觉得不实在，从而丧失了企业的特色。而口号喊得太大，让人认为你的使命无法实现，你的企业就很容易受到质疑。比如，一个做农产品的公司把自己的使命描述成“让天下人都吃上原生态的农产品”，给人的感觉就有点太空了。因为原生态没有标准答案，没有标准答案就很难实现。对使命描述的范围也不能太窄，如果只把使命当成一件事情来做，而没有把它真正的意义和价值体现出来，就太窄了。企业使命过窄可能会使企业失去与目标市场相似领域中的重要机会，进而失去目标市场。腾讯公司最初的时候如果把自己的使命描述成“做在线聊天和娱乐的工具”，那么，腾讯公司就会因经营范围的局限性而失去互联网领域中的很多重要机会，更有可能失去目标市场，而让自己走进“死胡同”，就不可能给我们的生活带来现在这样深刻的变化。

**张雷点醒**

描述企业使命时要注意两点：一是一定要立足于需求，特别是要创造需求，才能引导企业围绕满足不断发展的需求而开发出众多的产品和服务，获得更多的发展机会；二是一定要根据企业自身的企业文化、产品、客户来写，这样描述出来的使命才能让企业做得长久，做得强大。

**思考**：你是怎样描述你的企业使命的？

## 5. 企业的“终极方向”是什么

愿景，顾名思义就是愿意看到的情景。企业愿景就是企业期望在未来一定阶段内达到的一种美好情景，说明企业的“终极方向”是什么。企业愿景是设想出来的未来状况，是描绘出来的发展蓝图，是一种美好的愿望。企业愿景就是一种期许和愿望。就像一只小鸡永远看着天上的鹰在翱翔，非常羡慕，心中老想着什么时候我也能像鹰一样就好了。

企业愿景是企业对完成使命后的未来景象的生动描述。它有两种含义，一种是对未来美好的愿望和期许；另一种是景象，就是对未来具体生动的图景的描绘。

企业愿景即企业渴望实现的未来景象，是企业发展的终极方向。企业愿景的一个重要特质就是，它是抽象的、感性的，是想象出来的，或许它实现不了，但它能不断激励企业奋勇向前，拼搏向上，使企业始终朝着这个方向努力。

企业愿景体现的是企业家的立场和信仰，是企业最高管理者对企业未来的设想，即最高管理者希望企业未来发展成什么样。体现的是企业的发展方向及战略定位，是企业组织永恒的追求。

**经典案例**

### 一些企业的愿景

万科——成为中国房地产行业的领跑者。

真功夫——成为中国餐饮行业第一连锁品牌。

苏宁——打造全球最具竞争力的家电企业。

美的——做世界的美的企业。

格力——缔造全球领先的空调企业。

麦当劳——成为世界最佳用餐的快速服务餐厅。

梦二代——世界青少年梦想教育第一品牌。

**张雷点醒**

企业愿景是企业创办人内心对经营的认知，是对人类、社会、自然、经济、产业的哲学判断，是指导一切经营活动、制度、思维方式的根本；最少能指导企业30年以上经营。

**思考：**什么叫使命？什么叫愿景？

## 6. 企业愿景的“时代”特征

**（1）企业愿景是企业员工对于企业未来的共识。**

企业愿景是一个非常美好的宏伟蓝图，如果实现了，会给员工带来这样或者那样的好处。愿景往往会非常有感召力，会成为企业员工们心中共同追求的梦想，并且大家都渴望实现梦想，并用行动共同追梦。正是因为这样，他们就不再把公司当成“他们的公司”，而是当成“我们的公司”，他们会说“我们将来要成为什么样”“我们的愿景很美好”等。

**（2）企业愿景是企业期望未来要达到的图景，它既宏伟又激动人心。**

企业愿景是企业期望未来要达到的宏伟图景，这个图景或许不是经过一代人的努力就能够完成的，而是需要几代人的努力才能够完成。但它像一个灯塔，始终激励和引领着企业朝着这个方向不断努力前进。为什么呢？就是因为企业未来的这个图景太宏伟、太美好了，大家心潮澎湃，也都愿意赶紧去做、去实现。比如，万科的愿景是“成为中国房地产行业的领跑者”。也许万科永远也不会完全实现这个目标，但它永远朝着这个方向走，永远为了“成为中国房地产行业的领跑者”而努力着。再比如，美的的愿景是“做世界的美的企业”。现在这个愿景也许做不到，甚至经过三代人、五代人的努力，也无法完成，但是它是宏伟而又激动人心的，激励着美的人为了实现这一目标而努力工作。

**（3）企业愿景处在可实现（未来）又不可实现（现在）的悖论状态。**

企业愿景是企业的“终极方向”，而不是短期的期望和目标。也就是说不是指企业未来几年内要成为一个怎样的企业，而是指企业未来很长一段时期内要达到的目标。这个目标或许不久的将来就能够实现，或许要经过几代人不懈的努力才能够实现，又或许永远也不会完全实现。虽然如此，但这个目标又永远激励着我们朝着这个方向走。

**（4）企业愿景在一定时间内可以变化。**

企业愿景虽然是“终极方向”，但不是一成不变的，而是可以调整的。因为可能企业在制订愿景的那个阶段，制订这样的愿景，是比较适合企业的。但是企业经过一段时间的发展后会发现，原来制订的愿景太窄了、内容太肤浅了，于是对它进行扩展和延伸。

经典案例

### 与时俱进的愿景

联想原来的愿景是“高科技的联想，服务化的联想，国际化的联想”，2015年，联想控股董事长柳传志在港交所“敲钟”，联想控股正式在港股板块上市交易。在联想控股的招股说明会上，柳传志表达了自己的新愿景：

第一是以产业报国为己任；

第二是值得信赖受人尊重；

第三是具有国际化影响力。

张雷点醒

企业愿景一定要与时俱进，一定要跟上时代的步伐，随着时代的发展而进步。当企业的一个愿景即将要实现时，也要及时修改、调整原来的愿景，赋予愿景新的内容，或者重新制订新的愿景。

**思考：**你是否想过你的企业到底要成为什么样的企业？

## 7. 向追随者展示你的梦想

企业有一个有感召力的愿景还不够，企业家必须有能力与他人分享这个愿景，并让他们相信这个愿景。

企业管理者只有向追随者展示这个梦想，并让他们知道它将如何满足大家共同的利益，它才能成为大家心中的一个共同的梦想，大家才会对企业的未来发展形成共识；它才能够点燃他们内心的激情，他们才会与企业管理者一起，对这个愿景充满激情，为了这个愿景而努力奋斗。

因此，企业家们一定要具有演讲家的能力，在向大家描绘共同的愿景时，一定要让员工意识到，企业做大了、做强了，跟他们每个人都是有关系的，能给他们带来这样或者那样的好处。

但是愿景是感性的、抽象的，是企业家们想象、描绘出来的图景，并不是真的就已经存在的。因此，企业家向大家描绘共同的愿景时，一定要注意以下几个方面。

**（1）共同的愿景是一幅图像或图景。**

既然它是一幅图像或图景，企业家就一定要把它描绘得感性一些、灵性一些、生动一些，这样才会更具感召力。因此，企业家们在向大家表达自己的企业愿景时，一定要充满感情，不仅要给这个愿景赋予色彩，还要赋予感情和灵魂，让大家都感到美好和激动。这样描述出来的愿景才会令人兴奋，让人充满向往，才具有感召力和持续的激励作用。

**（2）共同的愿景一定是共同的、是所有人都在其中的。**

愿景再美好，如果与大家无关，大家也不会认可，即便认可也不会为之努力。因此，在向大家展示愿景时，一定要让他们知道，这个愿景是大家共同的愿景，大家都在其中，大家都有份，实现了大家都可以得到好处和利益。只有这样，大家才会有为之努力的动力。

**（3）共同的愿景一定是独特的、专属的。**

企业家要让大家知道，我们的这个愿景跟别人的不一样，很独特，是别人所没有的，是仅属于我们自己的。这样就可以让大家产生很大的优越感和自豪感，并为实现这种优越感和自豪感而努力工作。

**经典案例**

模世能的使命是“让天下没有不懂商业模式的老板”。老板和企业家有什么区别？企业家一定是老板，老板不一定是企业家。为什么在我们的企业使命中不说企业家而说老板？因为我们知道我们的客户大部分都是老板。等有一天，客户在我们的帮助下，都具备了企业家的特质，都成为企业家了，那我们再改，改成“让天下没有不懂商业模式的企业家”。

客户成长了，我们的使命也会随之发展。但现在，我们的使命就是帮助老板们选择一个好的、适合自己企业发展的商业模式，做好商业模式的转换，来提高企业的经济效益，提升企业的价值。最终，让他们都成为懂得商业模式的老板。

模世能最初的愿景是“成为全球最受尊重的商业模式转换教育咨询企业”。后来我们发现，“企业”是小我，是一个点的概念，容量太小，改成“平台”，容量就大了，就宽阔了，就开放了，做出的事情也比原来要伟大了。于是我们就改成了“平台”，我们要建成一个平台，让更多的人在这个平台上受益。所以模世能的愿景也随着企业的发展而变化，变得越来越宽广，越来越伟大。

如上所述，让我们的管理哲学去影响和引领世界，这样向大家表述模世能的愿景，是不是很美好？还有，我们搭建平台，并不只是为了让更多的人受益，更主要的是把我们的思维推向世界。这对每一个中国人来说，都很有感召力。

**张雷点醒**

很多成功的企业家，在与大家分享自己的企业愿景时，看似随随便便的几句话，却能够打动人，让大家都感动不已。这是因为他们不仅是企业家，而且是演讲家。

**思考：你的企业的使命和愿景是什么？**

温馨提示

· 我们的使命：

· 我们的愿景：

我梦想有一天，我们的客户……

我梦想有一天，我们的员工……

我梦想有一天，我们的企业……

## 8. 三年、六年、九年，我们要做到的事情

所谓企业目标，是指企业管理者为实现其愿景，根据企业目前面临的形势、自身的资源以及市场的需要，构想出在一定时期内企业各项经营活动所要达到的总体效果。企业目标是理性的、具体的，是用来实现的。

企业目标就像指引航船方向的灯塔，将企业的发展逐渐引向终极方向。与使命和愿景一样，企业目标具有导向、激励、鼓舞等积极的作用，能够激励企业员工努力奋斗，不断前行。企业只有树立远大的目标，才能够长盛不衰。如果企业没有远大的目标，企业的发展就没有活力和动力，企业就没有希望和前途。

比如，四通公司的企业目标是“中国的IBM，世界的四通”；再比如，天津中远公司的企业目标是“创国际一流企业，跻身世界500强”；等等。

企业要达到的总体效果叫总目标，尽管总目标很鼓舞人心，但路途很遥远，需要很长时间才能实现。在这个过程中如果不及时进行补给和激励，企业会出现人困马乏、员工消极懈怠的现象。因此，为了有计划、有步骤地实现总目标，一般的企业都会以三年为期限，树立一个个的短期目标和中期目标。也就是为企业

未来的建设和发展，以三年为一个时限，从方方面面，对企业进行清晰的规划，即第一个三年规划、第二个三年规划和第三个三年规划，我们称为“三年、六年、九年目标规划”。也就是说，我们的企业计划第一个三年做到什么样，第二个三年做到什么样，第三个三年做到什么样。

**经典案例**

模世能的“三年、六年、九年规划”如下。

第一个三年规划：从公司化经营到集团化经营，以上海为集团运营中心，直接辐射长三角地区，再向全国扩张，年销售额突破3亿元，成为中小企业商业模式转换咨询第一品牌。

第二个三年规划：从集团化经营到上市化经营，年销售额突破10亿元，成为中小企业商业模式转换咨询第一股。

第三个三年规划：从上市化经营到国际化经营，年销售额突破100亿元，成为全球最大的中小企业商业模式转换教育咨询平台。

这样的规划，目标内容很清晰，很具体，可以促使企业集中优势资源，充分挖掘潜力，不断进行制度和管理创新，从方方面面把企业好好规划起来，凝聚人心，鼓舞士气。

当然，在实施的过程中，围绕着规划，企业还要制订月目标、季度目标、半年目标、年目标，以及企业业绩目标、研发目标、团队目标、市场目标等。

## 9. 要敢于挑战，也要尊重现实

**（1）目标应该具有挑战性，应该高于“能够做到”**。

企业制订的目标一定要具有挑战性，需要大家一起努力拼搏才能够实现，而不是很轻松就能够搞定。但是目标是用来实现的，如果制订的目标太高，不切实际，任凭大家怎么努力都达不到，那也是有问题的，那就是空想和妄想。这就像大人让小孩够高处的东西，小孩必须踮起脚或者蹦起来才能够到，而不是伸手就能拿到。如果孩子使劲蹦起来也够不到，那就是大人在哄骗小孩。比如企业去年实现了500万元的利润，如果今年的目标是700万元，那么，大家努努力，使把劲能够完成。但如果把今年的利润目标定成1亿元，那么，任凭大家多么努力也不可能实现。因此，企业制订目标，一定要既具有挑战性，又切合实际，把握好“度”。一定要高于“随便够得到”，但又能让大家“够得到”。

**（2）目标应该能延伸企业的能力**。

企业制订一个目标，一定是企业还具有可挖掘的潜力。也就是说企业还有一些产品的利益链条可以延长，还有一些能力没有被发挥出来，还有一些地方没有被发现和利用，还有一些领域可以开拓或拓展等。

**（3）目标应该能充分挖掘企业的潜力**。

要通过制订目标，激发员工们的积极主动性，把没有发挥的能力都充分发挥出来，让大家一起把企业的潜力挖掘出来、发挥出来。

**（4）目标应该能激发员工的活力，让员工挑战不可能。**

很多时候我们认为做成某件事情是完全不可能的，但是有些人把“不可能”变成了“可能”。为什么呢？就是因为我们的眼界太低，限制了我们的思维。所以，企业家要走出来，尤其是遇到困难和难题的时候，不要关起门来苦思冥想，而要走出来，走到课堂上、走到外界去学习、去聆听。也许你遇到的问题，在别人那已经得到解决了，你再关起门来苦想好几天，甚至好几年，那就是浪费时间和精力。

很多时候，很多事情，没有不可能，只有你想不到。企业家要开阔自己的视野，增长自己的见识，学习和汲取别人的先进经验，要敢于挑战“不可能”。对员工也是如此，只有他们的眼界开阔了，知识丰富了，经验充足了，他们的思维才会更加活跃，他们才能够最大限度地激发能动性，有信心挑战“不可能”，并将“不可能”变成“可能”，将“够不到”变成“够得到”。

**张雷点醒**

作为管理者，你一定要弄懂企业目标这四个特征的基本含义，因为你制订的三年、六年、九年企业发展规划，必须都具有这四个特征，缺一不可。

**思考：**你的企业是不是经常派员工参加培训和到外地学习先进的经验？

## 10. 关注行业变化的动态目标

所谓制订企业目标，就是企业管理层聚焦企业的所有资源，清晰地制订有具体时限的一个或一组目标。这里的具体时限，一般是三年。企业制订的目标，一定要符合企业目标的四个基本特征，因此，在制订目标的时候要遵循以下两个原则。

**（1）制订的目标要达到或超过全行业的平均水平。**

如果企业目前的发展状况在所属行业的平均水平以下，那么，你制订的企业目标，就是通过努力才能达到行业的平均水平；如果你的企业目前接近行业的平均水平，那么，你制订的企业目标，就要在行业的平均水平之上。

**（2）制订的目标要达到行业前五名的平均增速。**

伴随着行业的集中度和成熟度提高，在某个阶段，行业领导者的增速会比行业平均增速更快。因此，一定要以达到行业前五名的平均增速为目标。

那么，制订企业目标为什么要遵循以上这两个原则呢？因为这样制订出来的目标才会符合企业目标的四个特征。

大家知道，行业中的各种数据，都是行业内几个大企业拉起来的。既然别人能够达到，那我努力一把，踮起脚或者小跳一下也能够达到。要让自己的企业向大企业或者更大的企业看齐，要追赶它们，要挑战它们。因此，按这两个原则制订出来的目标，既具有激励性和挑战性，又比较切合实际。但要想达到目标，企业就必须充分挖掘各方面的潜力，激发员工的活力，让员工挑战不可能。

如果制订目标不掌握这两个原则，制订出来的目标过高，任凭大家怎样使劲也够不着，达不到，那么，你制订的目标就是虚的和空的，那就是妄想。这样的目标是有问题的，一次次的失败会打击大家的信心，他们往往干着干着就放弃了。

**经典案例**

让我们一起看一下模世能2018年的年度发展目标。

目标1：实现3亿元的销售业绩，利润达到1500万元。

目标2：副总裁以上的高管和老师以及各省市级负责人，年收入达

100万～500万元，年收入300万元以上者30人。

目标3：模世能的商业模式转换系列书籍及相关的光盘大面积推广。

目标4：到2018年6月参课人数达到500人，到2018年12月参课人数达到1000人。

目标5：建立模世能的20家省级服务公司，招入1000个合伙人。

目标6：集团建立完善的大数据库，并能完全正常化运作，在大数据库里，中小型企业老板名录达到100万人。

目标7：线上、线下品牌宣传投入500万元，让模世能商业模式转换品牌真正深入中小型企业老板内心。

目标8：实现标准化、流程化、规范化、智能化、制度化、整体化的运作，用员工的强大托起部门的强大，用部门的强大托起企业的强大，用企业的强大托起国家的强大，用国家的强大托起世界的强大。

目标9：完成模世商学院升级，和各领域专业服务机构的专家达成合作。

目标10：模世商学院从新四板转成新三板，集团启动香港上市。

模世能2018年的十大目标，有业绩方面的，有内部管理方面的，有市场的，有团队的，有产品的，还有上市的，涵盖了公司的方方面面。到现在这些目标基本上都达到了。所以模世能的2018年度目标制订得比较科学、合理，比较切合实际。

**张雷点醒**

什么叫梦想？说完以后开始行动，就叫梦想。什么是吹牛？说完以后就结束了，就叫吹牛。你说的这件事情，不管别人相信不相信，你始终坚信，这就叫梦想。你说的这件事情，你自己都不相信，却要让别人相信，就是吹牛。梦想再大，只要真干，就可能实现。

## 11. 使命、愿景和目标的区别

由于企业使命、愿景和目标都是对企业未来样子的展望和憧憬，都具有激励和鼓舞的作用，很多时候，我们会把三个概念给搞混了。那么，它们三个之间有什么区别和联系呢?

企业的使命和愿景是感性的、抽象的，是企业管理者对企业未来发展方向和目标的构想和设想。但使命表达的是“我们的事业”是什么，其内涵是企业存在的根本目的和原因，是企业做事情的源泉和动力。想起来就让人热血澎湃，充满了激情，这就叫使命。所以假如一个企业没有使命，或者企业的使命很肤浅，又或者企业的使命不能够为大众、为社会、为人类造福，那么这个企业存在的价值就会受到质疑。使命是企业肩负的责任和义务，正是因为有了使命，企业才不断地砥砺前行。

表达企业使命时一定要结合企业目前经营的产品，比如做生态农业的企业，使命是“让更多的人吃上健康的农产品”，就是结合企业经营的产品来说的。使命也可以是企业未来想要经营的业务模式，就是企业未来，要做成什么事情，要做到什么程度。

愿景则说明了“我们的目标”是什么，就是说企业在一定阶段内要发展成什么样的企业，企业最终要有一个什么样的景象，它是企业管理者想象出来、描绘出来的企业未来的景象。可能这个愿景我们永远也完不成，但它是我们一种美好的心愿。比如，一位企业家说：“要让天下没有亚健康的人。”这只是美好的愿望，仅凭一己之力，是不可能做到的。但一想到通过全体员工的努力，天下就不再有人受亚健康折磨，他就会有一种成就感，这就是愿景。

描述企业愿景，主要是从企业对社会或者某一具体的经济领域的影响力和贡献力，企业在市场或行业中的排位，与客户、股东、员工等企业关联群体之间的经济关系等方面来表述。它对客户、股东、员工等经济利益相关的群体具有激励、导向的作用，让他们产生长期的期望并采取现实的行动。使命和愿景是用来激励的，具有导向的作用。

而企业目标，即三年、六年、九年目标，则与使命和愿景截然不同，它是理性的、具体的，是用来实现的，而且是一定要实现的，假如实现不了，那就是不切实际，就是妄想。因此，制订目标一定要从企业的实际出发，制订出来的目标一定要科学、合理、可行，一定要可操作。这样大家才不会盲目，才会有方向感。大家朝着这样的目标前进和努力，企业才会少走弯路。

## 阅读思考

（1）写出自己企业的使命、愿景。

（2）做出自己企业的三年、六年、九年目标规划。

（3）做出自己企业的年度十大目标。

# 04

# 第四章

## 吸引人才、积攒人气、凝聚人心
## ——企业文化建设

※ 国力的较量在于企业，企业的较量在于企业家，企业家的较量在于经营管理的智慧，经营管理的智慧就是企业文化沉淀下来的全部内容。所以经营企业不是靠运气，也不是靠产品，更不是靠服务和技术，而是靠企业文化。

### 1. 企业文化：具有企业特色的物质形态与精神财富

所谓企业文化，就是指企业全体员工经过长期的实践所形成并普遍遵守的价值标准、基本信念及行为规范。员工长期以来已经形成这种开会、工作、说话、汇报、上班等的习惯了，它们俨然都已成为一种规范，不用强调大家就都能遵守。比如开会文化、工作文化、办公室文化等。

企业文化如同家庭的氛围，不同的家庭有不同的氛围。有的家庭父母和孩子相处得就像兄弟姐妹一样，而有的家庭大人不上桌，小孩子不能坐桌子旁，大人不动筷子，小孩子就不能吃饭。

把家庭氛围映射、放大到企业里面，就是企业的一种文化，不同的企业也有不同的文化氛围。有的企业，尤其是中小型的民营企业，在办公室里，员工与老板称兄道弟。而有的企业，特别是一些大企业，老板是老板，员工是员工，老板有老板说话的风格，员工有自己说话的分寸。在企业里面，员工见到上司，不能视而不见，如果真的没看见上司也没什么，但有的员工看见了还故意躲着上司，这显然是一种没礼貌的行为。

当然，有的员工躲着领导，也不是员工的问题，而是领导太凶，让员工发怵。比如，有一位企业老板，脾气特别暴躁，动不动就拍桌子、骂人。所以员工去找他汇报工作，一般都不敢直接敲门进去，而是先在老板的办公室门口徘徊。在这种文化下，员工在汇报工作时，就不知道自己是说实话好还是说假话好。说实话吧，怕惹老板生气；说假话吧，虽然没准能够把老板哄开心，让他不对自己发脾气，但如果员工都为了不惹老板生气、讨好老板而说假话，这个企业就没有希望了。还有的老板从来不发火，即便是遇到多么令人恼火的事情。他的任何一个员工都可以和他聊天，任何一个员工都对他没有敬畏的心理。这很容易让员工组织纪律松散，不懂规矩，松懈怠慢，工作不努力，执行力不强等。

有时候我们将企业文化称为规则，因为它是制度执行、日常行为的积淀。起初，企业管理者靠制度约束员工，久而久之，制度就慢慢形成了员工的某种习惯，进而就形成了一种文化。比如，在开会的时候，什么样的话能说，什么样的话不能说；谁先发言，怎么发言等，都已经形成一种习惯了，时间长了，就被人称为会议文化了。开会的时候大家都会自觉遵守这种规则。

可见，企业文化是在企业管理活动与生产经营中创造出来的、具有企业特色的物质形态与精神财富。企业文化的范围比较宽，比如价值观念、行为准则、企业制度、文化环境、企业产品等。其中，价值观念是企业文化的核心。

**张雷点醒**

企业文化是制度执行、日常行为的积淀。因此，企业老板在创办企业之初，一定要以好的制度、好的行为作为开头，这样，才能形成好的企业文化。

## 2. 一流的企业都在卖文化

那么，为什么要导入企业文化呢？因为内部有需求，外部有压力。

一个没有文化的企业，就是没有灵魂的企业。假如每个员工都像机器一样，还有什么意义？做企业，一定不能忽略员工的精神需求。

企业不应该仅仅让市场认识自己的产品或服务，还要让社会认同企业存在的价值，这就要靠企业文化的输出。

所以，企业需要企业文化。

管理是一门艺术。管理就是管人，不管是愿景、使命、目标，还是经营理念，实际上都是围绕人来做的，都是在想如何实现个人价值的最大化。企业文化的意义在于吸引人才、积攒人气、凝聚人心。

**（1）吸引人才。**

员工到企业应聘，除了看薪水，还要看这个企业的氛围好不好。氛围是什么？氛围就是企业文化的一部分。如果一个企业里，大家的态度都是冷冰冰的，说话都是机械式的，在这样的氛围中，一个刚刚入职的员工会怎么想？如果一个企业里，新员工刚进来，不管是认识的人还是不认识的人，大家见面都和他打招呼，就让人有了回家的感觉；同事间都很坦诚，没有钩心斗角，这样的氛围才能吸引人。

**（2）积攒人气。**

企业的氛围好了，大家其乐融融。同事间平时经常组织活动、聚会等，有助于增进彼此的感情。在这样的环境下，企业的人气就会变旺，大家都把上班看成一件快乐的事，哪怕加班也不会愁眉苦脸。

经典案例

**通知**

经研究决定，拟定于三八妇女节组织全体员工去欢乐谷游玩，时间一天。全体员工务必带好身份证，于当日早上8点前到单位门前集合，否则后果自负。另外，单位只负责门票和来回车费，游玩期间，伙食自理。无特殊情况，不得请假。

这是某企业的活动通知，去哪儿，多长时间，带什么东西，费用怎么安排等都说清楚了，好像没有毛病。但再看看下面这个邀请书。

**邀请书**

如果你想尖叫而办公室里又不允许，如果你想牵漂亮美眉（妹妹）的手又找不到借口和机会，如果你想忘记所有的郁闷和不快——那么，请在下面签下你的大名，参加公司的“欢乐谷之旅”吧。（附上一张门票和一张制作精美的卡片）

恭喜你已成为我们三八（正好38人哦）欢乐之旅的成员！请你做好行前准备。

1.带好身份证，保管好你的门票。

2.请穿轻便、保暖的衣服。

3.约好你的朋友。

4.如果你嫌开私家车麻烦，步行又太累，请于3月8日早上8点前到单位门前乘车。

5.如果你不吃不喝，可以不带一分钱。

祝你玩得愉快！

这个企业把生硬的行政通知改成语气活泼亲切的邀请书，不仅把活动的时间、地点，带什么东西，穿什么衣服，费用怎么安排等说得很清楚，又给人很好玩的感觉，让人有所期待。员工们看到这样的邀请书，是不是想参加的意愿会高很多？这就是具有良好的企业文化的表现与结果。

**（3）凝聚人心。**

要把人心凝聚在一起，让员工觉得在这个企业有前途、有未来。

我们带团队，带的就是团队的状态。如果一个团队的成员整天都懒洋洋、死气沉沉的，这样的团队绝对不会有战斗力。所以带团队一定是带状态，一定要把成员的积极性调动起来，这样的团队才有战斗力。

怎么激发团队的战斗力？靠文化。

**张雷点醒**

一年企业靠运气，十年企业靠经营，百年企业靠文化；三流企业卖产品，二流企业卖技术，一流企业卖文化。

企业文化是企业的灵魂，是企业管理的高级阶段。一年企业靠运气。可能企业想出一个商业模式，赚了一笔钱，经营了一阵子，这就是靠运气。

十年企业靠经营管理。企业经营得有条理，管理得有章法，但是，消费者可能只记得企业的产品或者服务，对企业本身没有什么感觉。

要做成百年的企业，靠的就是文化。中国的百年企业很少，原因之一是中国的工业起步晚；原因之二是缺乏品牌销售的意识，根源就是企业文化建设没有跟上。企业要想做得长久，就一定要形成自己的文化基因。

三流的企业卖有形的产品，二流的企业卖无形的技术和服务，但不管是产品还是技术服务，都不可能满足所有人的需求。一流的企业卖文化，它让人记住的，不仅仅是它的产品、技术或服务，更是它带给消费者的价值。这就是企业文化的意义。

企业文化实际上就是企业的核心竞争力。企业的核心竞争力必须符合六个标准：偷不来，买不到，拆不开，带不走，溜不掉，盗不跑。如果企业还是靠人，靠产品、技术或服务，那这个企业就还没有形成真正的企业文化。文化是生生不息的，当企业形成了企业文化，才拥有了核心的竞争力。

## 3. 企业文化的六大功能

**（1）凝聚功能**。

企业文化具有凝聚团队精神的功能。

企业应是协调一致、上下一心的团队，成功的企业无一例外都具有强大的凝聚力。文化是强力黏合剂，企业应该通过文化，提高员工对企业的认同度和满意度，塑造强大的内部凝聚力，提高企业团体作战能力。

团队建设和产品的形象没关系，关键是人。企业文化是企业的黏合剂，可以把员工紧紧地团结在一起，使他们目的明确、协调一致。从而形成强大的凝聚力，也就是人们常说的“拧成一股绳”“劲儿往一处使”。

**（2）导向功能**。

企业文化具有导向功能。

企业就是一个有机的生命体，肉体和灵魂是生命体两个核心的部分。企业的制度就是肉体，企业的文化就是灵魂。没有制度，文化就是幽灵；没有文化，制度就是行尸走肉。

企业的愿景、使命、价值观与企业精神，能够为企业提供具有长远意义的、更大范围的正确方向，为企业在市场竞争中的战略和政策的制定提供依据。

员工知道了方向，知道企业为什么这么做，才能有动力，并想方设法做到最好。

**（3）激励功能**。

企业文化具有实现企业持续发展的激励功能。

企业内部的文化氛围和价值导向能够起到精神激励的作用，将员工的积极性、主动性和创造性调动与激发出来。激励功能得以发挥的前提是，企业文化得到员工的认同。

企业要发展就一定要有激励。没有物质激励，企业无法正常运行；没有精神激励，企业无法持续发展。一个人在没有激励的状态下只能发挥10%～30%的能力，在物质激励下能发挥50%～80%的能力，当加上精神激励的时候，就能发挥80%～100%的能力了，所以要经常给员工打气。

企业每周都会有例会。开会的目的是什么？不仅仅是安排工作，关键是沟通思想，不断地激励员工。千万不要听完汇报、安排完工作就散会了，一定要不断地帮员工提升信心，不断地激励员工，让员工看到希望。

**（4）约束功能**。

企业文化具有对企业行为规范的约束功能。

企业文化与企业的价值规范是一致的，对那些不利于企业长远发展的不该做、不能做的行为，常常能发挥一种“软约束”的作用，为企业提供“免疫力”，更能让企业具有持久的约束力和控制力。

文化是无形的，非强制性的自我约束力量可以弥补规章制度的不足。文化不能堕落为控制的手段和工具。文化不是强加的，管理制度是外在的硬约束，企业文化是内在的软约束。

**（5）辐射功能**。

企业文化具有传播企业形象的辐射功能。

企业文化会通过各种渠道对社会产生影响。企业文化的传播将帮助企业树立良好的公众形象，提升企业的社会知名度和美誉度。优秀的企业文化也将对社会文化的发展产生重要的影响。

**（6）品牌功能**。

企业文化具有提升企业品牌认知度的功能。

企业在公众心目中的品牌形象，是一个由以产品服务为主的“硬件”和以企业文化为主的“软件”组成的复合体。传播企业文化的目的，就是让公众认识企业的产品，知道企业的“硬件”和“软件”。优秀的企业文化对于提升企业的品牌形象将发挥巨大的作用。

## 4. 扪心自问：我是谁、我为谁、我做谁

企业文化的要点就是搞清楚以下三个问题。

**（1）我是谁?**

首先弄清楚我是谁，我的企业要什么样的文化。比如有一个服务行业的企业，如果给员工灌输一种强势文化，这就不妥当，应该倡导和谐文化，这样企业员工对待客户的态度才是温和的，才符合服务型企业的特性。

我们每个人都有四个“我”。

第一个是我认为的“我”，就是我认为我是什么样的。比如我认为我是个坚强自信的人。

第二个是别人眼中的“我”。比如我认为我坚强自信，但别人觉得我胆小懦弱，这就是别人眼中的我。

第三个是背后的“我”。就是你们看到的都不是真的，实际上背后的你们看不见的我才是真的我。

第四个是潜在的“我”。就是我自己都不了解的那一部分。

因为每个人都有四个“我”，所以你会发现，有时在做事情的时候，你总觉得自己已经做好了，别人却不理解、不认同你。不管你是怎么样表现、怎么样认

为的，你展现在别人面前的，就是别人以为的样子。所以别人给你提意见、提建议的时候，你并不认同。

同样，你的企业也有四个“企业”。第一，你眼中的“企业”。就是你认为你的企业是什么样子的，你想把企业做成什么样子。第二，别人眼中的“企业”。就是在员工眼里、在消费者眼里、在社会公众的眼里，你的企业是什么样子的。第三，背后的“企业”。就是你眼中的企业，别人眼中的企业都不是真的，因为你的企业还有很多地方是有待延伸、有待开发的。只是你没有发现，别人也没看到，但这确实是真的“企业”。第四，潜在的“企业”。就是你的企业还有多少潜力可以挖掘。

这些都想清楚了，你才会真正了解自己的企业到底是一个什么样的企业。

**（2）我为谁?**

也就是你做企业是为了谁，你的企业产品、企业服务到底是为谁而做的。“为谁而做”有两个含义：第一个含义是你给谁提供企业产品和企业服务。也就是你企业的产品或服务针对的群体是哪些，针对的群体不一样，你的产品或者服务的品种就不一样。比如你是做服装的，如果你针对的是小孩，生产的是童装，那么基于你的产品，你的企业文化就是在生产童装的过程中形成的一种比较活泼、可爱的童装文化。第二个含义是你为了谁而做你的企业、产品或服务。也就是说，你做产品或服务的目的是什么。如果说你做企业是为了让你及你的家人过上好日子，让你的孩子出国读书，你的目的仅仅是赚钱，那你的境界就比较低，企业怎么赚钱你就怎么弄，甚至为了赚钱而不顾消费者的利益和安全，这样的起点会导致你的企业倒闭。如果你做企业是为了造福大众，为了让大家吃上好吃的、放心的食品，让大家身体健康。那么，你会追求产品的质量和品质，绝对不会偷工减料，掺假投毒。你的高境界、高起点会令你的企业发展壮大。

因此，不同的企业，因我为谁的不同，企业文化的层次不同，而企业文化层次的高低也决定了企业的存亡。

**（3）我做谁？**

我做谁就是我的企业要成为什么样的企业。这就要看企业的目标客户了。比如企业的客户定位是高端人群，那企业的文化一定要契合这部分人的需求。

比如卖奔驰车的4S店（集整车销售、零配件、售后服务、信息反馈于一体的汽车销售企业。）一定比卖面包车的4S店豪华，为什么？产品不一样。因为奔驰车的4S店吸引的是高端的客户，高品质的产品、服务，一定是需要较高的投入的。所以不要怕花钱，不要怕产品贵，最关键是服务要跟得上，要对得起人家掏出的那么多钱。

再比如，你是做女装的，你的女装针对的是收入一般的中年女性，那么，你的产品选料就不用太好，在做工上既不要太粗糙，也不要太精细，产品相对来说就比较普通一些，这样衣服的价格也会低一些。这样的产品需要的是低成本的企业文化。而如果你针对的是收入特别高、家庭生活特别富裕的中年女性，那么，你在产品选料做工方面就应该用心了，选料一定要好、要舒服，做工一定要精细，生产出来的女装款式一定要有品位，一定要时尚雅致，一定要上档次。这样产品需要的是高成本的企业文化。

## 5. 企业文化的三大体系：信仰、行为、视觉

**（1）理念共识化——企业信仰体系。**

做企业，要有信仰。有了信仰，才能激发大家劲往一处使；没有信仰，不仅人心涣散，还容易丧失道德底线，危害社会。前几年爆出的“毒疫苗”事件，就是因为相关企业只注重自己的利益，忘了企业的社会责任，丧失了道德底线。

企业的愿景、使命就是企业的信仰。要让所有人明白企业为什么干这件事情，企业的初衷是什么，企业肩负什么样的使命。

**（2）行为规范化——企业行为体系。**

比如待人接物的规范、员工在办公室的言行举止、桌椅该怎么摆放、办公环境是怎样的，这些都属于企业的行为体系。

经典案例

**放公章的柜子需不需要配钥匙**

甲公司：

· 公章放在保险柜里；

· 老板的办公室里放着监视器；

· 等级森严的办公环境；

· 坚持打卡制度；

乙公司：

· 公章放在没上锁的抽屉里。

· 永远敞开的总经理办公室；

· 集体开放办公的企业；

· 不需要实行打卡制度。

甲、乙两个公司有着截然不同的企业文化，给员工的感觉也必然不同。想一下，员工在这两种氛围里面，各是什么样的工作心情，又各是什么样的工作状态？所以，甲公司的老板不能怪自己的员工没有人情味，因为公司文化就没有人情味。

**（3）视觉一体化——企业视觉体系。**

企业视觉体系就是企业对外是一个什么样的形象，对外展示什么样的品牌形象。比如企业的标识、企业的代表色等，他人一看到这些，就能想到你的企业。

经典案例

### 挺胸和弯腰——我们培育哪种文化

根据2001年世界十大最佳酒店排名榜的调查结果，泰国曼谷的东方酒店（The Oriental）名列第二，新加坡的丽兹·卡尔顿酒店（Ritz-Carlton）名列第四。

曼谷东方酒店——弯腰式服务。

精致的摆设和古典的装修风格令人以为自己进入了一个西化的东方贵族的庭院。谦恭的服务员的一举一动都让人感觉他们是贵族大家庭中训练有素的工作人员。弯腰式服务，突现了“忠实”和“谦恭”的服务特色。

丽兹·卡尔顿酒店——挺胸式服务。

充满现代感和冲击力的装修、和客房休息区面积一样大的客房洗手间，无不体现出丽兹·卡尔顿的现代商务酒店气派。服务员会陪同顾客到饭店的某一个区域去，而不是仅指明如何到那个区域。任何一线员工都可以在2000美元的范围内尽可能去满足客人，他们的服务宗旨是：我们是为女士和绅士服务的女士和绅士。

曼谷东方酒店是弯腰式的服务，酒店的视觉体系给人以东方贵族式的感觉，服务员的一举一动都凸显了重视客户和谦恭的态度。

这和日本服务业的理念很类似。我在2009年去过日本，在商场里买了一双鞋。服务员真的是跪下给我试鞋。试好以后，给我装好，送我到电梯口，再把鞋盒双手放在我手上，然后等我上电梯，等电梯门关。这真是让我觉得这钱花得很值，不只买了双鞋，还买到了一种很舒服的体验。

新加坡的丽兹·卡尔顿酒店恰恰相反，他们的视觉体系充满现代、商务的气息，服务员都自信、自主，任何一线员工都可以在2000美元的范围内尽可能去满足客户的要求。

海底捞和它有点像。海底捞的很多服务员都有免单权，这就让员工有了充分的自主权，能更好地为客户服务。

丽兹·卡尔顿酒店员工的服务宗旨是什么？我们是为女士和绅士服务的女士和绅士。意思就是我不比你低一等，你接受的是女士和绅士的服务。这就是一种很自信的企业文化。

## 6. 企业文化的金字塔结构

企业文化实际上是一种金字塔结构，从下往上依次是物质文化、行为文化、制度文化、精神文化。

**（1）物质文化**。

企业的物质文化居于金字塔结构的最底层，是以物质形态存在的器物文化。企业物质文化包括两个方面的内容：一个是由员工创造的企业产品或提供的服务，另一个是企业的生产环境、企业建筑、企业的广告、产品包装与产品设计、文化设施等。

企业物质文化是以物质形态为载体，以看得见、摸得着和体会得到的物质形态，来反映企业的精神面貌，是企业核心价值观的外在体现。比如，麦当劳的标识是金色拱门，给人的感觉就是明亮、快乐与安逸。金色象征着它像经营一家金矿一样，拱形貌似一个休息所，人们在这个金色拱形下可以无忧无虑地休息。所以，孩子们超级喜欢这个标识。另外，麦当劳红黄二色也对应着红色和黄色的信号灯，使人们看到它就会潜意识地停步。

**（2）行为文化**。

在物质文化的上端，就是企业行为文化，所谓企业行为文化，是指企业全体员工在生产经营、宣传教育、文体活动、人际关系活动中所产生的文化现象。它包括领导者的行为、企业模范人物的行为和普通员工的行为等。比如企业家的行为，在海尔的一次员工大会上，张瑞敏当着众人的面砸烂了100多台电冰箱。正是由于这一砸，砸出了“海尔”这块响当当的牌子。再比如企业模范人物的行为：大庆油田的王进喜，对工作废寝忘食，对油田无私奉献。

企业行为文化反映的是企业的经营作风、经营目标、员工文化素质、员工的精神面貌等文化特征，体现的是企业经营作风、精神风貌、人际关系的动态，折射的是企业精神和企业价值观。可以说，企业行为文化建设的好坏，直接影响企业员工的工作积极性，直接影响企业生产经营业务和生产经营活动的开展与成效，直接关系到整个企业未来的发展方向。

**（3）制度文化**。

居于企业行为文化上端的是企业制度文化。企业制度文化是企业领导体制、组织机构与管理制度的具体体现。

企业制度文化是约束和规范企业与员工的行为的一种规范性文化，是塑造企业精神文化的根本保证，是管理者的意愿、企业精神所倡导的一系列行为准则能够得以贯彻实施的有力支撑，能够确保企业在复杂多变、竞争激烈的环境中处于良好的运转状态，从而能够保障企业目标的实现。

**（4）精神文化**。

在金字塔的顶层便是企业的精神文化，所谓企业精神文化，是指企业用以指导开展生产经营活动的各种行为规范、群体意识与价值观念。它是企业在长期生产经营过程中所形成的精神成果和文化观念，包括企业经营哲学、企业经营理念、企业精神、企业价值观、企业风貌、企业作风等内容。

企业精神文化体现的是一个企业独特的、鲜明的经营思想与个性风格，反映的是企业的信念与追求，代表着企业广大员工对工作财富最大化方面的共同追求，因而具有激发员工工作动力的作用。精神文化能够增强企业的活力、凝聚力和在市场中的竞争力。

**张雷点醒**

建设企业文化，是现代企业生存与发展的内在需要，它能充分发挥人的作用，调动广大员工的积极性、智慧和创造力，是现代化企业管理的高层次选择。

## 7. 思想错了，文化也就错了

**（1）老小文化。**

中国企业的老小文化，让企业无法形成能力导向型的文化。为什么呢?

因为许多企业存在着“轻能力重资历”的思想。也就是不管你能力如何，就因为你比我来得早，比我工作的时间长，你就可以管理我。这就出现了外行管内行、没能力的人管有能力的人的现象。

在民营企业，可能很多主管没有太多文化，没什么管理知识和管理经验，但由于是与老板一起摸爬滚打过来的，所以成了公司的副总。这样的话，如果招有专业知识和能力的人放在他们手底下，他们既不知道如何去管理这些人才，也不虚心学习，不接受新的理念，整日就知道指手画脚乱指挥。这样的企业总是留不住人才。对这种打天下的老员工，我们可以让他们享受相应的待遇，但不要让他们管事。这样就能够把真正有能力的人提拔上来，企业形成能力导向型的文化，才能留住想留住的人才。

老小文化产生的客观根源，是企业的人才聘用制度不科学，许多有能力的人得不到重用提拔，而一些工作能力差、专攻权术的人，却能平步青云。

（2）**螃蟹文化**。

螃蟹文化，就是企业内部各职能部门、各个团队或者个人各自为政，一与其他部门、团队或者个人合作，往往就会各打各的小算盘，形不成合力，导致谁都做不成。就像把螃蟹放在不太深的水池里，如果是单个的螃蟹，它凭自己的本事可能会爬出来。可如果是一群螃蟹，它们就会内斗叠罗汉，上面的螃蟹想借着下面的那只爬出去，下面的那只却拉上面那只螃蟹的腿，想自己爬出来……它们都只顾自己，而踩、拉别的螃蟹，结果谁都爬不出去。这就是螃蟹文化。

在螃蟹文化的笼罩下，企业员工之间、员工与老板之间、企业内部各部门之间、各团队之间，会为了各自的利益而经常相互算计，明争暗斗，甚至还会想尽办法去破坏或打压合作方。其结果是，企业内部就像水池里的一群螃蟹，只顾个人利益，不顾团体利益，只顾眼前利益，不顾长久利益，争权夺势，互相牵制，相互攻击，企业在内耗中失去应有的战斗力和活力。

因此，实行模式经营管理，目的就是倡导团队精神，让企业内部各单元既相互独立，又团结合作，形成一股强大的合力。这样的话，企业才能得到更好发展。

（3）**“崇洋媚外”文化**。

“崇洋媚外”文化，就是把别人的东西照搬过来。“崇洋媚外”文化存在于企业，让企业无法形成有差异性的文化。为什么呢？

别人的企业文化是在企业长期的生产经营活动中逐步养成的，是在企业发展的过程中磨合出来的，具有独特性。每个企业的情况都不同，别人的企业文化再好，却不一定适合你的企业。因此，企业文化可以借鉴，但不能照搬照抄，企业一定要做出差异性的文化。

**（4）弹性文化。**

中国企业的弹性文化，让企业无法形成科学的管理文化。

企业搞弹性文化，多一点少一点的，都没有固定统一的标准。这就很难让管理者做好管理。因此，我们应该形成科学化的管理文化。

**（5）主人翁文化。**

中国企业的主人翁文化，让企业无法形成职业化的企业文化。

传统观念倡导员工做企业的主人翁，但那是江湖文化。在现代企业里面是不能有江湖文化的。现代企业要求什么？说得简单点就是，员工职业化。所以可以在适当范围内给予员工自主权，但不能完全放手，任由员工发挥。我们的目标是让员工成为对企业负责的经营者，而不是随意发号施令的主人。

## 8. 不同顶层设计方向下的企业文化

在模式经营管理中，不同的顶层设计会选择不同的投资决策方向，也就是战略方向。

第一种，产品领先：对产品创新和营销能力的投资一掷千金。

第二种，亲近客户：对客户满意度的投资一掷千金。

第三种，运营卓越：对供应链效率的投资一掷千金。

这三种投资战略分别指向不同的企业文化（见表4–1）。

表4-1 不同顶层设计的部署对比

| 项目 | 产品领先顶层设计 | 亲近客户顶层设计 | 运营卓越顶层设计 |
|---|---|---|---|
| 组织结构 | 以产品经理为核心的项目管理组织 | 强大的一线客服团队 | 集中式组织架构 |
| 关键流程 | 新产品研发和上市流程 | 客户服务流程 | 全程供应链运营流程 |
| 企业文化 | 创新释放的个性文化 | 客户至上的弹性文化 | 卓越标准的刚性文化 |

**（1）产品领先顶层设计下的企业文化。**

谷歌有独特的创新文化，推崇给员工自由的工作空间。这样的文化在IT（信息技术）行业或者高科技行业中非常适用。创意型的企业，要求工作环境能激发员工无限的想象力和灵感，从色彩搭配到设施配备，都要能够释放个性，刺激创新。

**（2）亲近客户顶层设计下的企业文化。**

经典案例

**家得宝——不计一切代价为客户提供服务**

美国家得宝公司是全球领先的家居建材用品零售商，连锁店遍布美国、加拿大、墨西哥和中国等国家和地区。

家得宝的企业文化之一就是：我们的服务理念是不计代价。

在新橱柜送达之前，消费者的一日三餐都由家得宝负责。

如果，消费者在家得宝买了橱柜，橱柜发错了型号，消费者找到店员，店员对消费者说："是厂商出了差错，要等待厂商重新发货。"消费者问："我的厨房怎么办？"店员回答："那我管不着，这是你的事。"那么，一旦消费者投诉，店员将被开除。

消费者没有橱柜，不能做饭，商家就要承担责任，这简直把客户服务做到了极致。我们常说顾客是上帝，但不管遇到什么事情，一定要记住，企业的规定也好，对外的服务也罢，都不能损害自己员工的人格。尤其是在客户服务方面，把客户当上帝没有错，但是不能损害员工的人格。

家得宝的客服理念是不计代价，只要是能让客户感到满意的，都值得做。这可以借鉴，但是要记住，不能以损害或贬低员工的人格为代价。

需要注意的是，培训客户与客户服务完全不同。客户服务是什么？它类似于售后服务，这是企业应该做的。客户买了企业的东西，企业给客户提供服务，是应该的。但是培训客户就不一样了，培训服务类似于增值服务，目的是让客户养成用企业产品的习惯，培养对企业产品的兴趣。

经典案例

### 诺思通——客户至上的企业文化

· 一站式购物，员工可以在商店中的任何部门出售商品。

· 赋予店中的员工决策权，为顾客提供不一样的消费体验。

· 我们的首要目标是提供杰出的客户服务，把你的个人目标和职业目标定高点，我们对你达成目标的能力充满信心。

· 在任何情况下运用你良好的判断力。有任何问题，请随时随地询问你的部门经理、门店经理或总经理。

诺思通采用一站式购物模式，员工可以在商店中任何部门出售任何产品。比如客户到卖鞋的柜台，要求买一点短线也能办得到，但在一般商场，这种短线是绝对买不到的。正是由于在这个商场里面，在任何的部门，可以出售任何商品，所以它的销售额很高。

诺思通是客户至上的企业文化，首要目标是提供杰出的客户服务。它主张员工为客户提供不一样的消费体验，为此，它赋予员工一定的决策权。它鼓励员工把个人目标和职业目标定高点，并对员工达成目标的能力充满信心。如果在工作中遇到问题，员工可以自行判断解决，还可以随时询问其部门经理、门店经理或总经理，管理层必须给予答复，不能拒绝。在这样的企业文化下，员工的施展空间非常大。

（3）**运营卓越顶层设计下的企业文化**。

经典案例

**苏宁电器——“刚化”的卓越**

苏宁的家电“以旧换新”活动流程如下。

客户从网上下单，订购电视，同时登记旧电视的尺寸——工作人员在约好的时间上门，但因为客户对旧电视的尺寸登记有误，工作人员无法取回旧电视，只能空车返回——客户上网修改，重新提交申请——工作人员第二次登门拿走旧电视。

客户网上预约电视以旧换新，工作人员到客户家里，发现客户登记的电视尺寸有误，不能自行变通，只能空车返回，等客户修改后再次预约时间上门，这肯定要花费额外的时间成本、运输成本。这可能让人不能理解，但这就是苏宁电器的企业文化，规矩就是规矩，制度就是制度，员工没有变通的权力。

苏宁电器的企业文化是一种刚性文化，它强调制度重于权力。

张雷点醒

以产品创新为主导的企业，企业文化不要太死板。死板了，就把设计人员框死了，他就找不到灵感，没法创新了。客户至上的服务型企业，企业文化要强调弹性，要给员工更大的发展空间，让他们能最大限度地发挥主观能动性，满足客户的需求。追求运营卓越的企业，就要重视制度。

## 9. 用心构建企业文化理念体系

**（1）企业文化包含的内容**。

第一，企业使命（动机），企业使命是企业存在的根本理由，是员工进取的精神动力。

第二，企业愿景（希望），企业愿景是企业希望达到的目标，是员工憧憬的美好蓝图。

第三，核心价值观（原则），核心价值观是企业制定制度的原则依据，衡量行为的基本准则。

核心价值观是企业要实现愿景、完成使命必须坚持的原则，是战略模式实施和组织发展过程中的游戏规则，主要为内部人员提供指导，定义核心的最重要意义是什么，当发生判断和选择的冲突时必须向它妥协。

第四，企业精神（作风），企业精神是企业弘扬的群体意识，实现愿景的精神状态。

第五，沟通口号（承诺），沟通口号是企业经营理念的精练总结，是广泛传播的核心主张。

**（2）企业文化设计的模板包含的要素**。

企业文化设计的模板包含的要素（见图4-1）。

| 经营理念 | 企业人品德 | 企业服务宗旨 |
|---|---|---|
| 企业定位 | 企业人作风 | 企业经营方针 |
| 企业使命 | 企业座右铭 | 企业经营宗旨 |
| 企业愿景 | 企业产品品质理念 | 企业的价值观 |
| 企业精神 | 企业的纲领 | …… |

**图4-1　企业文化设计的模板包含的要素**

经典案例

## 模世能企业文化

一、经营理念

为客户谋品质，为员工谋福祉，为企业谋利润，为社会谋贡献，为人类谋幸福。

二、企业定位

中小企业商业模式转换一站式教育咨询平台。

三、企业使命

让天下没有不懂商业模式的老板！

四、企业愿景

全球最受尊重的中小企业商业模式转换教育咨询平台。

五、企业宗旨

传播中式思维，弘扬中式模式！

六、企业座右铭

没有模式就没有未来！

七、企业纲领

企业因模式更精彩！

八、企业价值观

正念，利他，感恩，共享。

九、企业作风

团结协作，今日事今日毕，有始有终，立即行动。

十、服务宗旨

受人之托，忠人之事，信守承诺，全力以赴。

十一、产品理念

不是我们想做什么，而是客户需要什么！

十二、企业精神

创造一流模式教育咨询品牌，振兴民族模式教育咨询行业！

十三、经营方针

用标准化、规范化、制度化、流程化、智能化的模式来运营团队、产品和客户，创造国际化的模式咨询品牌。

十四、企业品德

诚信正直，知恩图报，乐于奉献，厚德载物。

## 模世能企业十不准

1. 不准欺骗、不准动手打人和不准骚扰伙伴。

2. 不准违反课程操作安全。

3. 不准对客户有过激的行为。

4. 不准赌博。

5. 不准私自向客户借钱、借物和接受请客、送礼。

6. 不准爱人、亲人（同血缘）在同一部门工作。

7. 不准要求部下为自己干私活（如带早点、买东西等）。

8. 不准上班时间玩乐。

9. 不准上下级结交成特别的朋友（上下班经常在一起，说话神神秘秘）。

10. 不准背后议论伙伴短处和企业的缺陷。

### 模世能企业十大模约

1. 转换无止境，模式可跨越。

2. 不是有了钱才有模式，而是有了模式自然就会有钱。

3. 不要用管理层面的勤奋，来掩盖模式转换的懒惰。

4. 小成功靠努力，大成功靠模式。

5. 如果你还没有成功，那是因为你还没有找到好的商业模式。

6. 不成系统的模式学习，是对金钱和时间最大的浪费。

7. 可以被对手复制的模式，不是好的商业模式。

8. 只有站在模式的高度，才能享受做企业的乐趣。

9. 持续的经营，就是持续的模式转换。

10. 不要轻易否定模式的威力，用了才知道好不好使。

以上是模世能公司企业文化体系的全部内容。从中我们不难看出，企业文化体系是以宗旨使命、愿景、信念为源头，以经济人、社会人和复杂人为基本认知，以企业核心价值观、企业精神等文化价值为要素，经提炼而形成的一套庞大的理论系统，并在此基础上，演绎出了包括质量观、市场观、客户观、服务观、激励观等一系列的企业价值判断系统。

因此，大家在给自己的企业做企业文化设计的时候，一定把这所有的东西都考虑清楚、理解清楚，逐条先把自己给说服了，然后落笔写出来，再进行宣传推广，让它们成为广大员工的共识，成为被广大员工共同接受的价值观念和行为准则等。

## 阅读思考

（1）在学习企业文化之前，你是否认为企业文化建设无关紧要?

（2）你的企业里面是否存在五大文化误区?

（3）根据企业文化模板以及模世能企业文化案例设计出符合自己企业的企业文化。

05

第五章

# 为企业赋予强健的骨骼
# ——搭建组织架构

※ 作为企业的流程运转、部门设置与职能规划等基本的结构依据，组织架构的搭建也是模式经营管理的重要内容。通过对组织资源的整合和优化，组织架构能够确立企业某一阶段的最合理的管控模式，从而保证了从人、财、物这三方面为企业目标的实现提供支撑，并使得企业最终达到管理思维模式的科学化与系统化。

## 1. 正在走向衰退的传统金字塔与常用扁平化结构

传统金字塔式的科层组织模式采用的是垂直管理结构，董事长和总裁位于金字塔顶，向下依次是高层、中层、基层。特点是有较为狭窄的管理幅度和较多的管理层次，信息多纵向传达，少横向传递。优点是结构严谨、等级森严、分工明确、利于监控等。这种组织结构曾经在中国企业特别是制造企业占统治地位。

随着社会发展与时代变迁，这种金字塔式的组织结构在管理过程中存在诸多弊端，具体来说有以下几点。

第一，经营流程以决策层为制高点，决策层负责发号施令，由上至下逐层进行传递，这样一来，组织结构越是庞大的公司，整个反馈、决策链就越是冗长，于是经常出现反应速度慢、决策质量低、信息传递失真的情况。比如，一个项目层层审批，导致企业错过了最佳的市场进入时机。

第二，部门之间壁垒厚重，边界分明，各自为政，特别是内部博弈现象显著，导致内耗严重，在进行现场决策时常常出现意见分歧，难以灵活地加以协调。

第三，组织中的层级过多，信息传导的效率降低，市场压力难以快速有效地传递到企业内部每一个员工，员工很难直接感受到市场温度的变化。

第四，员工逐渐在这种层级划分明显的组织结构中变成了被动的执行者，习惯了按部就班，丧失了主观能动性，创造潜能难以释放。被动执行的工作模式还容易滋生行为惰性和思维惰性，再加上企业缺乏有效的激励机制，难以长久激发员工的工作热情与活力。

后来，出现了相对简单的扁平化组织架构，就像是一个被压扁了的金字塔。通过增大管理幅度，减少管理层次，使得信息的传递速度变快，上下级离得近了，沟通成本降低了，有利于下属主动性和创造性的发挥。最为突出的优点是减少管理失误，降低管理费用。但是各个部门之间没有联系，都是单独存在的，多数都只是基于本岗位“单打独斗”，部门之间几乎没有合作，缺乏互动、互助。

较为完善的、可以根据实际情况变化不断调整更新的组织架构体系决定了企业获取价值的聚焦点，所以适当对企业组织架构管理模式进行创新，就可以最大限度地释放企业能量，更好地发挥组织内部的协同效应，提高企业整体的抗风险的能力。

在典型的企业中，经营过程有这样一个流程：信息收集者采集客户信息，决策者根据这些信息进行决策，执行者按照决策进行组织生产，产生结果后得到客户反馈，再将相关信息上报给决策者，便于决策的调整和纠偏，它们形成了决策闭环。搭建组织架构的直接目的就是让决策闭环流实现高效运转。

所以，模式经营管理强调的组织架构，是同心圆形式的。所有部门都围绕一个中心，相互之间既有独立的时候，又有合作的时候。这种组织架构既降低了沟通成本，提高了管理效率，也增进了部门间的协同合作。马云为阿里巴巴集团打造了一个完美同心圆组织结构：小圆是核心部门（事业部），围绕着小圆的大圆是若干相关部门，大圆和小圆的圆心就是企业的利益。

模式经营管理讲究实现每个人的价值最大化，强调每个岗位都要发挥它的最大作用，强调员工不是被动接受任务，而是主动承担任务。所以，模式经营管理的组织架构要求从职能型组织向事业型、平台型组织发展，进行体制变革，打破金字塔结构中层层上传下达的制度，打破扁平化结构中各部门各自为政的局面，实现全员经营，让每个人都针对客户服务，每个人都有话语权，能简单、灵活、高效地做出决策，让组织最终成为智能化、平台化、创客化的组织。

**张雷点醒**

模式经营管理和组织架构搭建是相辅相成的，经营管理会影响组织架构的选择，组织架构又会反过来影响经营管理的效果。可以说，建立模式组织结构是模式经营管理的开始，也是模式经营管理的成果，是决定模式经营管理成败的关键。

## 2. 更精细、更紧密、更高效：模式经营管理的组织架构

在模式经营管理的思路中，组织架构应该具备以下几个结构。

首先是职能结构，我们在完成一项业务运作的过程中需要多个职能部门都参与进来，通过发挥各自作用来实现共同目标，所以在组织架构设计时，第一个要考虑到的就是确定企业正常经营所需的各个职能部门、职能部门之间的比例、职能部门与职能部门的相互关系。

其次是层次结构（各个管理层次的构成），也就是，在纵向上需要设置多少个管理层级。

再次是部门结构（各个管理部门的构成），也就是，在横向上需要设置多少个部门。

最后是职权结构，要充分体现出各个层次、各个部门在权力和责任等方面的分工与相互关系。

**张雷点醒**

企业的组织架构设计并没有完全固定统一的模式，需要我们根据企业自身的生产技术特点与内外部条件量体裁衣。

图5-1是模式经营管理的组织架构，相对于传统金字塔式的组织架构与扁平化的组织架构，这种高度多元化的新型结构显得更加灵活、丰满，可以最大限度地解决上述两种组织架构中存在的弊端。

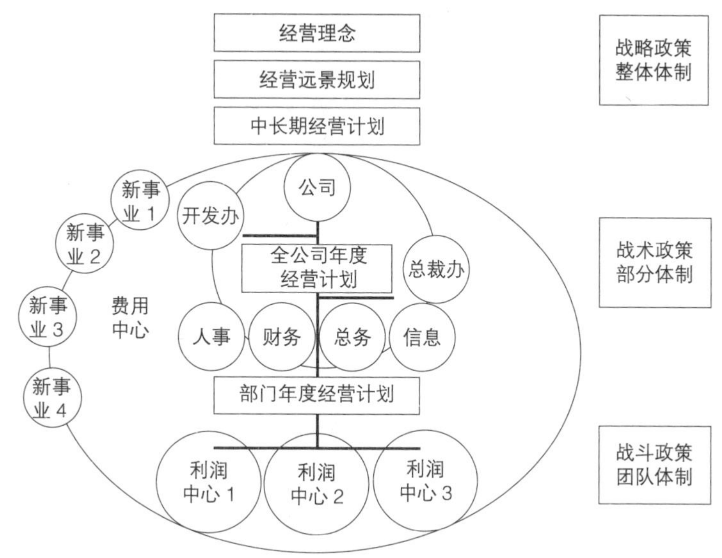


图5-1 模式经营管理的组织架构（1）

总体来说，它可以分为以下三个层级。

最上面是战略政策层级，处在这个结构中的人员负责制定企业的宏观战略，包括经营理念、经营远景规划、中长期经营计划等。著名管理学者钱德勒认为，战略决定结构。同时，企业的组织架构是实现企业经营战略的主要工具，所以最高层级便是战略政策层级。

中间是战术政策层级，处在这个结构中的人员负责按照上层制订的宏观目标，制定出相应的年度工作目标，使其具体化、合理化。

下层是战斗政策层级，处在这个结构中的人员负责把公司年度目标分解成各部门年度工作目标，并且制订工作计划，加以监督执行。

人事、财务等所有部门都以费用为中心。总裁办在各个部门中间起组织协调作用。另外设有开发办（发展中心），负责新事业的统筹开发。

各个利润中心是所有部门工作的最终导向，秉承着“利润为王”的宗旨。

在这个组织架构上，有两个发展方向。横向是将企业做大，当利润中心越来越多时，部门也会越来越多，当机构开始不可避免地变得臃肿时，保持并提高工作效率是重点。与之相辅相成的，纵向是将企业做强，经营规划制订得越完善，计划分解执行得就越到位，这样就提高了企业的效能，让企业的经营能力越来越强。

## 3. 遵循原则，才能少走弯路

**（1）宏观原则**。

模式经营管理组织构架设计的宏观原则是：保证组织设计匹配战略事业单元。也就是说，不管是费用中心（SAU，战略支持单元）、利润中心（SBU，战略业务单元），还是发展中心（SDU，战略发展单元），它们的设置首先要和企业战略相匹配。从宏观的角度，以正确的方式打好基础，接下来的工作就会更加容易做。

**（2）微观原则**。

模式经营管理组织构架设计的微观原则是：强调专业性与统一性。

如何做到专业性？根据单元属性划分合适的核算单元。对专业性很强的单元，一定要将其划分出来，实现独立核算。而那些性质相似的单元，能合并的就要加以合并。在模世能，行政部门和人力资源部门最初是合并的。但随着企业的发展壮大，这两个部门需要慢慢分开。行政部门就是行政部门，人力资源部门就是人力资源部门，专人专职，专事专办。

而且，人力资源部门不能只做人事工作，诸如保管档案、招聘人才，要充分发挥出它的专业性和针对性，积极参与资源的规划、开发、利用，以及绩效管理工作。

外企非常重视人力资源部门，尽管同样都是总监，但是在很多外企，人力资源总监比其他部门总经理的职级要高。相对来说，国内企业一般看重销售部门或财务部门，在传统认识里，它们是能挣钱、能省钱的，对比之下，人力资源部门都是花钱的。然而实际上，人力资源也是一种资源，尽早明白这一点，真正重视起人力资源的专业性，就能尽早利用它来创造价值。

此外，微观方面要注意意识的统一性、目标的统一性、权责的统一性，要保证所有人的劲儿都往一处使。

**（3）集中原则**。

模式经营管理组织构架设计的集中原则是：强调横向沟通，推倒部门之间的墙。

这意味着应该注重贯彻集团精神，一方面要体现出管理者的意志，另一方面要保证大家能协调关系，由此激活人心，形成合力，而不是各干各的事情。

在模式经营管理组织构架下，所有部门都是统一指挥的。比如，销售部门要维护客户，这不只是销售部门自己的工作内容，其他部门也需要出力协助，当客户服务团队为客户提供全程服务时，财务部门可以根据公司的财务状况和预算情况给予客户一些优惠。

其他部门不仅不能肆意增加阻力，还要提供支持。比如，销售部门签了一个客户，账期一年，财务部门说公司账期一年的预算额度已经用完了，不给签字，这就产生了矛盾。部门之间相互协调、横向沟通，是化解这种矛盾的关键，尤其是开企业例会时，部门主管之间千万不能各自为政、自说自话，而应该本着解决实际问题的目的，用包容和理解的心态去做好协调工作。面对刚才提到的情况，财务部门不能只盯着自己管账的工作，要为公司的集体利益着想，重新思考一下能不能调整指标或预算，尽一切可能把这个客户留下来。

**（4）分解原则**。

模式经营管理组织构架设计的分解原则是：分解目标，确保执行。

我们要分解的是什么？既不是权力，也不是职责，而是战略，要把战略目标逐层分解下去，给各个部门以清晰定位，保证大家始终围绕的是同一个总目标。

最后，设计组织架构时还要注意，“文化加利益，减人增工资”是保持企业健康状态的模式。文化加利益，即一方面要保护这种文化，另一方面要给予员工适当的利益。减人增工资，即本来是两个人就可以做好的事情，安排给四个人做，这就容易产生内耗，如果减掉两个人，把四个人的工资分给两个人，他们的工作积极性就提高了，效率也会随之提高。

**张雷点醒**

模式经营管理组织设计遵循四项原则：宏观原则，保证组织设计匹配战略事业单元；微观原则，强调专业性与统一性；集中原则，强调横向沟通，推倒部门之间的墙；分解原则，分解目标，确保执行。

## 4. 师出有“名”，企业名称中的学问

下面详细讲解如何搭建模式组织架构。

首先是进行企业名称设计。塑造企业形象非常重要，第一步就是要起好企业名称，这里要注意以下几点。

**（1）名称要大**。

就算你的企业不是大企业，这也不要紧，但一定要“像”大企业。大企业是什么样的？大企业给人的第一印象是名字“大”。比如，开一个公司，为它起名

“××经销部”，这个名称会有多大的可信度和影响力？再比如，明明是温州的国产服饰品牌，却起名“美特斯邦威”，单单听这个名字，不少人都会以为它是国际品牌，瞬间突破了地域性。

所以，企业名字要起得像大企业，下面的名字可供参考。

### 经典案例

上海××实业有限公司

上海××科技实业有限公司

上海××信息科技有限公司

上海××环保科技有限公司

上海××新材料有限公司

上海××环保工程有限公司

上海××生物科技有限公司

上海××高分子材料有限公司

××实业（上海）有限公司

××互联网科技（上海）有限公司

××信息科技（上海）有限公司

××环保科技（上海）有限公司

××新材料（上海）有限公司

××环保工程（上海）有限公司

××生物科技（上海）有限公司

××高分子材料（上海）有限公司

××实业股份（上海）有限公司

××科技实业股份（上海）有限公司

××信息科技股份（上海）有限公司

××环保科技股份（上海）有限公司

××新材料股份（上海）有限公司

××环保工程股份（上海）有限公司

××生物科技股份（上海）有限公司

××高分子材料股份（上海）有限公司

**（2）选择适合的注册地**。

为什么很多企业都要在上海、北京、广州等一线城市注册？想一想，一个教育培训机构，它的注册地不在上海，而在一个不知名的小地方，请问，你会去听这个公司的课吗？如果课程内容是讲最新的商业模式，那你会选择上海的培训机构，还是这个小地方的培训机构？

再比如，虽然海底捞是在四川简阳起步的，但它的总部设在北京。所以，企业在哪里起步没关系，但成功后应该尽量把总部搬到大城市。在大城市，眼界宽，信息灵通，跟国际接轨也方便。

**（3）体现企业规模**。

比如“模世能咨询控股集团”，品牌在前面，没有注册地，但“控股集团”一看就是规模很大的企业。

**（4）体现股份结构**。

如果企业就是一个单体公司，规模还没上去，那也可以从股份结构方面加以考虑。

企业在股份化的时候，一定要改成“股份有限公司”，说明企业的股份制得到了官方认可。比如“上海××信息科技有限公司”和“上海××信息科技股份有限公司”，给人的感觉就不一样。

俗话说“名不正则言不顺”，先有了叫得响的企业名称，再加上过硬的商品品牌，就可以为企业的市场竞争力加分不少。

## 5. 看得见的主体公司与看不见的影子公司

有了好的企业名称，接下来就是实际的组织架构建立了。组织架构怎样建立？首先找到一家主体公司，这个主体公司就是实际经营的公司。比如模世能教育科技公司就是模世能现在实际经营的主体公司。

主体公司包含了几个部分，模式经营管理组织架构如图5-2所示。

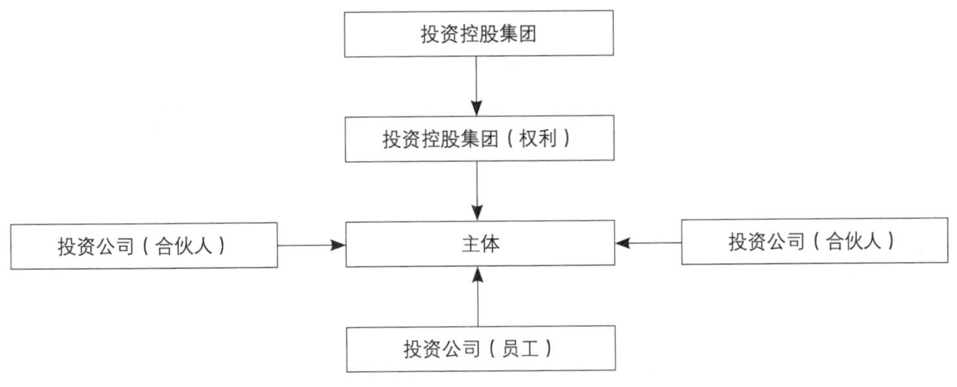


图5-2 模式经营管理组织架构（2）

第一个是投资公司，投资公司又可以分为以下几类：一类类似于合伙企业（合伙企业是指由各合伙人订立合伙协议，共同出资，共同经营，共享收益，共担风险，并对企业债务承担无限连带责任的营利性组织），是专门给合伙企业预备的；另一类是专门放员工的，即让员工持股的；还有一类是纯粹做投资融资的。

第二个是权利公司，就是有实际控股权的公司。

第三个是第一投资公司，也叫影子公司，就是背后的大老板。什么是“影子公司”？即公司的名义股东是甲，不过在资金、管理等事宜上，甲受制于实际出资人乙，甲就像是乙的“影子”，一切行动几乎都在乙的控制之下。

模世能教育科技公司的组织架构如图5-3所示。

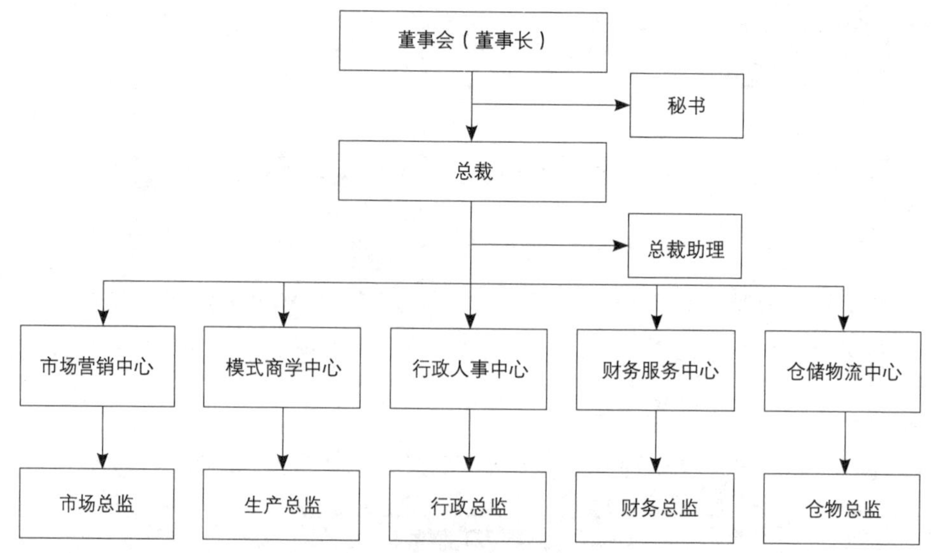


**图5-3 模世能教育科技公司的组织架构**

模世能教育科技公司的董事会是最高层级的，下面设有董事长秘书、总裁、总裁助理等，然后是各个机构，比如市场营销中心、行政人事中心、财务服务中心、仓储物流中心等。

尽管图5-3中并未显示，但在主体公司的市场营销中心里，总监下面还有副总监，副总监下面有市场主管等，一级一级往下分。这样的组织构架，看起来有点像扁平化的组织构架，但是它和扁平化组织构架最大的区别就在于，它没有部门墙，所有机构都能围绕一个中心使劲，部门间的沟通协调成本非常低。

关于第一投资公司的名称，有以下几个注意事项。

一方面，名称不建议采用“集团控股”“投资”“股份”等，可以采用“管理咨询”“企业发展”“信息技术”等。比如“××管理咨询有限公司”“××企业发展有限公司”“××信息技术有限公司”。

另一方面，注册地的选择应该遵循以下原则。

一是最好跨省注册，但要选择熟悉的地方，对当地的政策和情况都比较了解，应付突发情况时才不会手忙脚乱。

二是斟酌选择税收洼地。国家及地方为了发展区域经济都出台了一系列的区域性税收优惠政策，各个地方政府甚至主动推出税收返还政策，出现了很多“税收洼地”，它是合理节税的两全其美的解决方案。比如，与西部大开发相关的地区企业所得税减按15%的政策等。需要注意的是，税收优惠政策和投资优惠政策并不都是永久的，这就需要企业提前了解政策能享受多久，对比选择最适合自己的地区。

## 6. 控股集团，以整体优势参与竞争

控股有限公司是公司的一种组织形式。其中，“控股”指的是该公司的注册资金来源，即该公司是由一个或多个股东投资并占有股份。控股股东是一个集团公司的称作“控股集团”，通常控股集团是该上市公司的母公司。

控股集团不是一般的公司，而是企业的集合实体，具有相当的经济规模和融资能力，以资产为纽带将企业紧密联系起来，母公司和子公司会制定统一的发展战略，以整体优势参与竞争。

控股集团的组织架构是什么样的？控股集团控制主体公司，下面的机构可以按照部门进行分类，也可以按照功能进行分类。

### （1）按照部门进行分类。

模世能咨询控股集团的组织架构，如图5-4所示。

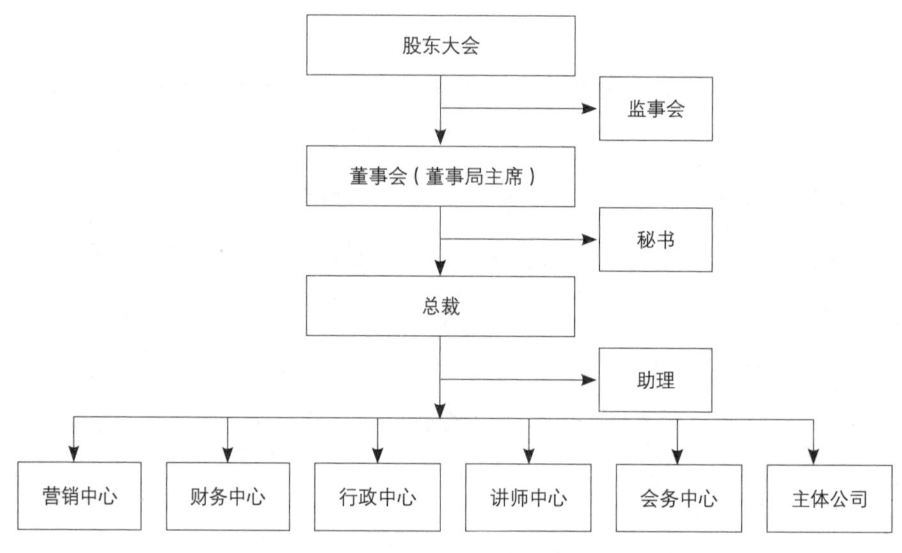


**图5-4 模世能咨询控股集团的组织架构**

股东大会是其中的最大机构，权力最大，是权威机构，所有股东都在里面。接下来是监事会、董事会，董事会里设有董事局主席与董事长秘书。接下来是总裁、总裁助理。再下面有几个公司：营销中心、财务中心、行政中心等。这些都是虚拟公司，真正的主体公司是什么？模世能教育科技公司。

主体公司的部分机构和集团公司的某些机构是重叠的。那么它们之间有明确的区别吗？主体公司是实际运营的公司，它下面的机构也都是参加实际运营的；集团公司的这些机构，是虚拟的，但是必不可少，要搭建集团公司，这些机构必须齐全。所以，两个公司的这些机构其实是两块牌子、一套人马，一边是实际运营，另一边是虚拟的。

主体公司的各个机构又有各自的总监，比如市场营销中心有市场总监。这些总监在集团公司层面可能担任副总裁。比如我在主体公司负责行政人事，是行政人事的总监，同时我在集团公司的架构里，我的工作还是在主体公司进行，在集团公司我几乎没有工作内容，只是挂名而已，当然，集团公司如果有事情，我也可以兼顾一下。

**（2）按照功能进行分类**。

控股集团的机构按照功能又可以分为渠道公司和项目公司，分别负责管理服务和产品（见图5-5）。

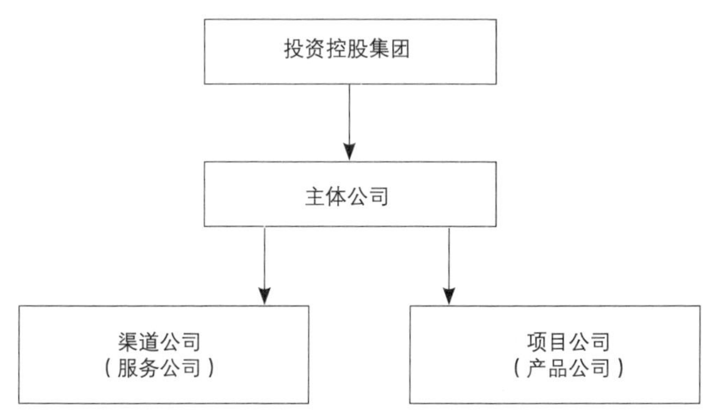


图5-5 控股集团机构分布图

对模世能来说，项目公司就是拥有各个产品的公司，比如模式商学院、爵瑟资本股权、趋网搜互联网、爵瑟母基金、梦二代孩子教育、动其创品牌策划、模式合伙人等（见图5-6）。

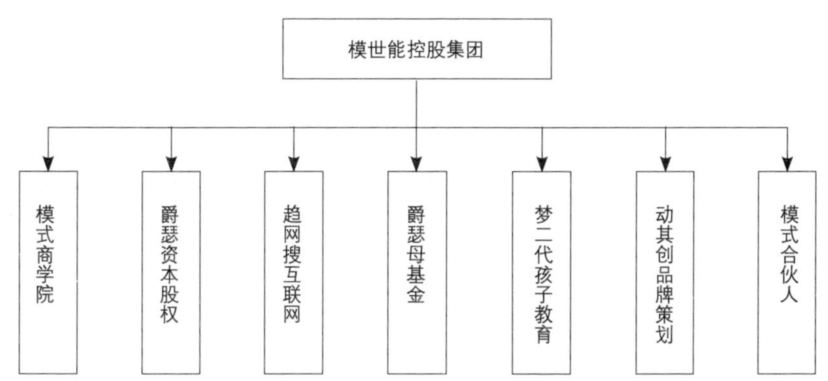


图5-6 模世能项目公司（产品）组织架构

渠道公司分为各大区公司，大区公司又分为各分公司（见图5-7）。

这样一划分，每个公司的主题是什么、投资的渠道是什么、投资的产品是什么、在这些公司我各有多少投资、控股比例是多少、目标要做到多少家等，就非常清楚了。

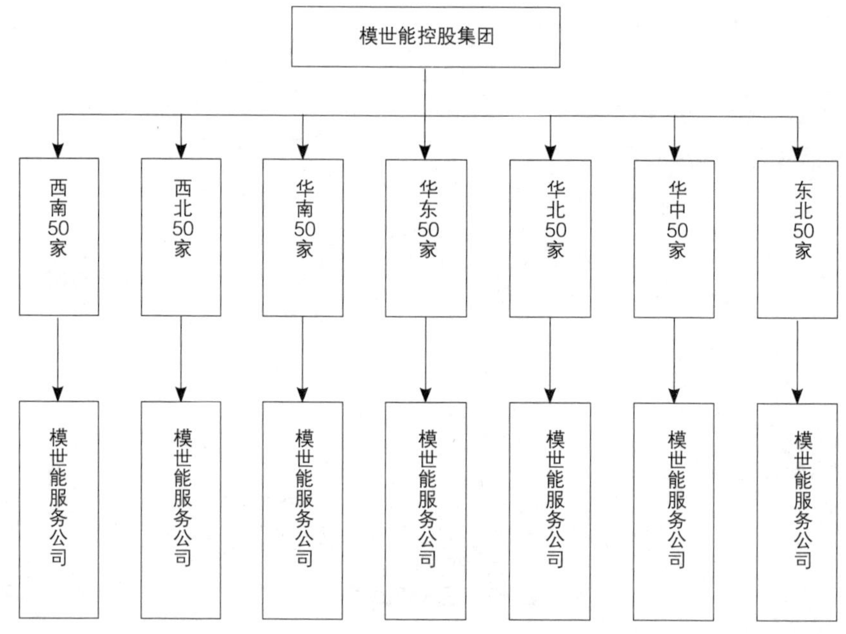


图5-7 模世能渠道公司（服务）组织架构

把模世能控股集团的组织架构做成平面图，上面是项目公司（产品），中间是运营集团，下面是渠道公司（服务），所有人都在里面，企业的整个组织结构一目了然。

## 7. 以人为本，逐层梳理，化繁为简：组织划分是个精细活

**（1）以人为本是模式经营管理组织划分的前提。**

组织划分的前提是要有可以在关键时刻赋权的领袖人才储备，企业的组织设置再严密、再科学，如果没有合适的人才，没有好的培养人才的机制，那么整个架构就是一个空壳，虚有其表。我们在设计组织架构的时候，一定要注意以人为本，因为组织是由人组成的，不能只是思考如何设置各个岗位，还要考虑这个岗位是否同时具备容纳人才与培养人才的能力。

在设定选人、用人的标准和培养人的方向时，要重点注意那些“能承担责任、能贯彻意志、能独立完成任务”的“能人”。只有这样的人才是企业可用的人，企业也要培养这样的人。

**张雷点醒**

企业要发展，关键是人才。很多时候企业说没有人才，其实缺的是培养人才的机制。机制做起来了，才能不断培养人才、储备人才，为企业的发展输送大量人才。

**（2）逐层梳理，化繁为简：模式经营管理组织划分的步骤。**

第一步：梳理公司的战略理念及主营业务模块。首先搞清楚企业的战略理念以及业务部门都有哪些业务模块。

第二步：梳理哪些是费用中心，哪些是利润中心。很多人说财务部门是费用中心，但财务把资金利用好了，是完全可以盈利的。行政部门也可以成为利润中心，具体看你怎么做。

第三步：梳理新的事业单元，找到能独立成事业单元的潜在业务单元。

第四步：根据价值链或相关维度设置利润单元，合并有公共机能的单元，减少机构重复。比如集团公司的行政人事和主体公司的行政人事就可以加以合并，用一套人马运作两块牌子。

第五步：根据企业的实际情况，进一步从上往下逐级细分、逐层推进利润模式单元，每个单元都能够独立核算自己的费用、利润。

一级模式组织是公司总体。

二级模式组织是事业部，即各个单元。比如要推进一个项目，要成立一个项目组，这就是事业部。

三级模式组织是各个部门。

四级模式组织是各个科室。

五级模式组织是各个班组。

有的企业可能不会有这么多层级，只有一个主体，或者就是单一地做一个项目，没有事业部，下面直接就是各个部门，部门下面可能就是各个班组，只有这三级。其实这也没问题，根据企业的实际情况进行组织划分始终是科学合理的。若是为了撑场面，强行将只有十几个员工的小企业划分出大公司的组织结构来，反而显得很不专业。

**张雷点醒**

模式经营管理组织划分总结起来有两个关键点，那就是：

第一，从上向下，逐层进行分解；

第二，层级数量要适当，并非越细化就是越完善，那些能简化、能合并的，要尽量简化、合并，优化组合是避免重复建设的好方法。

## 8. 总裁办负责人是老板的“左脑”

**（1）总裁办的职能。**

总裁办的职能是什么？简言之，分解、检查、分析、指导。这是一个流程化的工作内容，也就是当企业要做一件事情、开展一个项目时，总裁办负责把工作目标往下分解，然后检查工作进度和工作效果，统计出哪个部门运营得好，哪个部门运营得不好，再分析问题的根源，并且给予相应的指导意见。

**（2）模式经营管理负责人的使命及任用条件。**

模式经营管理的负责人，即总裁办负责人，是老板的最高经营管理参谋，相当于老板的“左脑”。这个职位的任命条件是：会利用经营会计的手法量化，对经营进行合理管理。

一般来说，总裁办负责人的能力有三个层级。第一层级是实务能力、专业能力。这是基础能力，通常在一两年的时间里就可以培养出来。第二层级是行动能力，即执行力，需要两三年的时间才能磨炼出来。第三层级是立场格局，这是最重要的，通常需要花费五年到十年的时间才能凸显出来。

对总裁办负责人能力的最高要求，是拥有下述立场和格局：能够站在老板的立场，通过经营会计体系，在实现总公司的年度经营计划和年度利益计划（年度财务计划）的同时，给各直线部门的事业负责人、分公司老板及各部门的责任者以辅佐，包括提供可行性建议、协助他们解决问题。

所以，我们在选人的时候，尤其是招聘管理级人才的时候，一定要看他的立场格局，要多沟通、多交流、多观察。为什么有时候明明招来的人工作能力非常出色，可是干不了几天就走人了？不是因为他无法胜任工作岗位，而是因为他的立场和格局出了问题。当一个人不认同老板的理念和目标，容不下部门里有不同的声音时，他的工作方式和其他人的工作方式就会出现不匹配的情况，他做起来觉得纠结、束缚，老板也觉得他用起来不顺手，这样自然难以长期合作。如果轻易地把一个立场格局与企业和老板不匹配的人推到高位上去，过几天却发现他不适合，那么对彼此都是一种伤害。只要双方立场一致，那么不管企业有多少问题、老板有多少不足，他都能认同这个企业和这个老板，他会倾尽全力把工作做好。

另外，老板自己要有大格局，不要一有人不听你的话，就直接把人开除了。顺我者昌，逆我者亡，维护权威，铲除异己，这叫统治，不叫管理。如果使用这样的“管理方法”，你会发现企业员工到最后全变成了绵羊，即便遇到需要讨论的问题，大家也都不敢发言说话，更不敢提出反对意见和建设性意见了。如果企业里面没有不同的声音，只有老板一言堂，那企业就很危险了。

企业老板任用管理者，尤其是总裁办负责人这样的高管，一定要先看他的立场格局，再看他的执行能力，最后才看他的专业能力。

## 阅读思考

（1）你的企业的现有组织架构合理吗?

（2）设计出符合自己企业实际情况的新型组织架构。

（3）你的企业是否有能与组织架构相匹配的人才配置与储备?

# 06

# 第六章

## 找出成本节省点、收益提高点
## ——经营会计导入

※ 正如稻盛和夫所说：“经营者懂会计，平时就可以指导财务人员。只有经过如此努力，经营者才能实现真正意义上的经营。”企业要做好模式经营管理，不仅老板、非财务的高管要具备一定的会计知识，企业还应该建立一套培养人才的制度，让员工也学会精打细算，也拥有经营的意识。

## 1. 不懂会计，就不懂经营

有人做过这样一个形象的比喻："如果把经营比喻为驾驶飞机，会计数据就相当于驾驶舱仪表上的数字，机长相当于经营者，仪表必须把时时刻刻变化着的飞机的高度、速度、姿势、方向是否正确及时地告诉机长。如果没有仪表，机长就不知道飞机现在所在的位置，就无法驾驶飞机。"

传统观点一般认为，会计就是算账的。在现代会计实务中，会算账是一个会计最初级的能力。

会计按职能一般可分为财务会计、管理会计和经营会计三大类。

财务会计做什么？记账、统计，也就是核算成本，这是传统会计做的事情。

管理会计做什么？把资源用活，看能不能把资源转化成资本，把成本转化成资本。

经营会计，要做的是"无中生有"，就是找出新的成本节省点、收益提高点。这是企业发展的根本，是企业经营哲学及战略落地的量化工具，能够保障企业财富资金安全，不断提高盈利能力，促进企业可持续发展，具有全局性及长期性。

模式经营管理是以固定费用为基础，活用变动费用（获取收益的平衡），以获得超过固定费用的边界利润为目的的经营活动。模式经营管理，就要求企业的会计管理能够包括这三大部分，其中最重要的是经营会计。

所以，一个合格的会计，要懂得为经营者服务。除了核算成本，还要能做出财务分析。每一个产品、每一个阶段，哪部分是赚钱的，哪部分是赔钱的，哪部分利润最高，哪部分成本最低，都要实现数据的精确，做出详细的分析，并提出解决方案。目的是将数据背后的企业经营问题完全呈现，为老板了解市场的未来前景、洞察企业管理的真相提供帮助，为老板在控制成本、倍增利润、降低风险等方面做出正确决策，提供依据。

现在有一门课——非财务人员的财务管理，是专门针对企业总经理及以上管理者的，其实企业老板也可以了解一下相关知识，比如了解国家财务会计法规，知道哪些事企业能做，哪些事企业不能做。

企业老板当然不需要把会计的工作原理都搞懂，但是最起码要看懂会计的那几张表。知道报表的编制程序和数字意义，至少要能看懂资产损益表，明白企业哪里在赚钱，哪里在亏钱，通过报表上反映出的数据对企业有一个基本判断，这样才能在做决策时做到胸中有数。

以开杂货店为例，不能只看进了多少钱的货，卖出去多少钱，中间的差价赚了多少钱。这样算账，是一本糊涂账，对经营方向毫无助益。一定要细致地分析每个产品的盈亏，然后在每一天、每一月、每一年的不断改进中，把企业的产品做到极致。

以下几个会计核算的基本公式可以熟悉一下，便于理解后面的内容。

公式1：营业收入增长率=（本年度收入-上年度收入）/上年度收入

公式2：毛利润额=销售净收入-销售成本

公式3：毛利润率=（毛利润/销售收入）×100%

公式4：毛利润额增长率=（本年销售收入-本年销售成本）/（上年度销售收入-上年销售成本）

公式5：净利润额=收入-成本-费用-所得税

公式6：净利润率=（净利润/销售收入）×100%

**张雷点醒**

不少企业家可能觉得会计问题太过专业，很难学习和落实。让经营者懂会计，并不是要求经营者具体去做会计工作，而是要其明白会计数字背后的意义，时刻了解企业真实的经营状况，以便及时做出调整。

## 2. 如何通过增长率分析市场表现

下面以新三板企业的相关数据作为参照，讲解一下如何通过增长率分析市场表现。

2017年，新三板企业的平均营业收入增长率为22%，平均毛利润额增长率为15.7%。如果你的企业的这两项指标大于新三板企业的平均值，那说明你的企业的市场前景是非常不错的。

如图6–1所示，纵坐标是营业收入增长率，横坐标是毛利润额增长率。

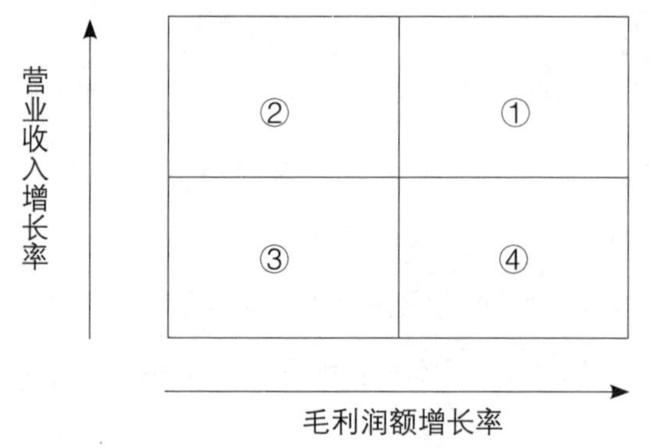


图6–1 从增长率分析市场表现

如果你的企业最近几年都处于①，即毛利润增长率高，营业收入增长率也高，就说明你的企业是优质企业，有良好的市场发展前景。

如果你的企业处于②，即营业收入增长率高，毛利润增长率低。也就是说，企业的营业收入高了，比如去年收入5000万元，今年收入8000万元，但是企业的利润没有增长。那就说明，可能是企业的产品竞争力下降了，去年卖10元的东西，今年买9.8元，毛利润低了；或者是企业的成本增加了，去年卖10元可以赚8元，今年卖10元只能挣两三元了，也就是成本管控出现了问题；又或者是降价或促销等活动增多，为了抢占市场牺牲了利润。

如果你的企业处于③，即营业收入增长率低，毛利润增长率低，也就是营业额没有增长，利润也没有增长，那一定是市场、产品、销售管理全部出现问题了。

如果你的企业处于④，即毛利润增长率高，营业收入增长率低，比如营业额去年是5000万元，今年还是5000万元，在营业收入不变的情况下，毛利润高了，那就可能是企业发展遇到了瓶颈，或市场没有得到拓展；或者企业推出了新的产品，利润高了，但企业还没有将产品优势转化为市场优势。这样的企业是有发展潜力的，企业的产品竞争力很强，但是没有拓展市场，没有增加新的客户来源，如果把这些做好了，收入就能大幅增长。

## 3. 如何通过利润率分析产品表现

下面还是以新三板企业的相关数据作为参照，讲解一下如何通过利润率分析产品表现。

2017年，新三板企业的毛利润率为7%，净利润率为25%。如果你的企业这两项指标都大于新三板企业的平均数据，那说明你的企业的产品潜力是不错的。

如图6-2所示，纵坐标是毛利润率，横坐标是净利润率。

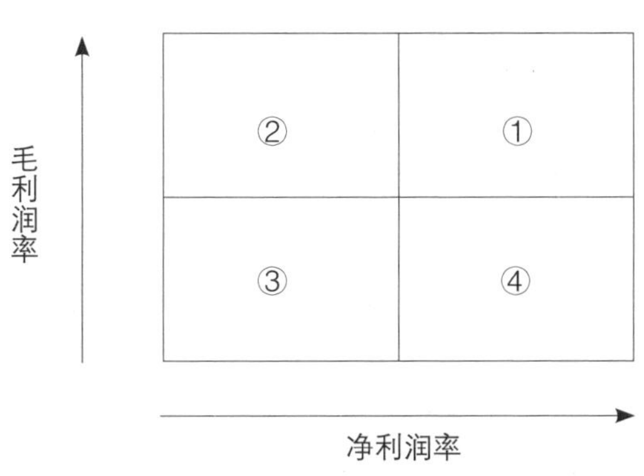


图6-2 从利润率分析产品表现

如果你的企业处于①，即毛利润率高，净利润率也高，说明企业的产品是有竞争力的优秀产品，不管产品价格多高，其市场占有率都不低。同时，企业的成本管控做得很到位。

如果你的企业处于②，即毛利润率高，但净利润率低，说明产品较有市场竞争力，所以赚得多，不过企业的成本管控存在问题，或者高昂的三项费用——销售费用、财务费用、管理费用，把利润给摊薄了。在这里需要注意的是，这三项费用急剧下降，通常是周密计划管理的结果；这三项费用明显上升，可能是因为管理者对于各项开支的小幅度上升缺乏敏感，结果让它们日积月累，最终成了一个很大的数目。

如果你的企业处于③，即毛利润率低，净利润率也低，说明企业现有的产品缺乏市场竞争力，可能是受到竞争对手价格战的不断挤压，没有了市场，企业又缺乏新产品的研发和推出计划。同时，对销售、财务、管理三项费用的管控不到位。

如果你的企业处于④，即毛利润率低，净利润率高。比如毛利润为10元的产品，去年净利润为5元，今年净利润为6元。这种情况很少出现，除非对你所处的行业来说，你的企业处于产业链的中间环节，比如你是经销商、代理商，销售费用低；或者企业是出口企业或政策性企业，依赖出口退税或政策补贴；又或者企业依赖营业外收入。

这里解释一下营业外收入。它不是由企业经营资金耗费所产生的，而是与企业的生产经营活动并没有直接关系的各种收入（本质上是纯收入）。营业外收入主要包括以下几种：非流动资产处置利得、非货币性资产交换利得、债务重组利得、政府补助、盘盈利得等。

## 4. 认真算好“企业收支”这笔账

收入项目通常来自公司销售的产品或者服务。由于公司不同，业务不同，组成收入的来源也不同。主营业务收入是指企业经常性的、主要业务所产生的基本收入。比如制造业的主营业务收入来自销售的产品，旅游服务业的主营业务收入来自门票收入、客户收入、餐饮收入等。企业中还会有一些其他收入，比如材料物资及包装物销售、无形资产转让、固定资产出租、包装物出租、运输、废旧物资出售等。

开支项目根据不同公司业务类型、不同的目的而各有不同。主要分为成本与费用两类。成本是为了生产、销售产品（或服务）而支付的钱款，比如原材料的采购费等。费用是为了维持公司日常经营而花费的钱款，比如付给员工的薪水、办公场地租金、法律费用、营销费用、财务费用、通信费用等。

当收入大于开支时，利润为正，意味着公司是盈利的；反之，当开支大于收入时，利润为负，意味着公司是亏损的。不过，有些收入或者支出是经常性、持续性的，而有些收入和支出则是一次性、偶发性的，在考察公司的收支情况时，应该学会区分重点关注哪些收入或者支出，忽略或者不必关注哪些收入或者支出。

**（1）企业收入分析**。

表6-1是某企业的销售收入分析。

**表6–1　　　　　　　　　某企业的销售收入分析**

| 品类 | | 销售收入（元） | | | 销售收入占比 | | | 销售收入增长率 | |
|---|---|---|---|---|---|---|---|---|---|
| | | 2018年 | 2017年 | 2016年 | 2018年 | 2017年 | 2016年 | 2018年 | 2017年 |
| 塑料制品类 | 刀叉勺系列 | 1819454 | 2032193 | 3289673 | 1.8% | 2.47% | 4.06% | –10% | –38% |
| | 快餐盒系列 | 6383817 | 4217848 | 3197684 | 6.4% | 5.12% | 3.94% | 51% | 32% |
| | 其他系列 | 2121229 | 1890383 | 1539542 | 2.1% | 2.29% | 1.90% | 12% | 23% |
| | 食品加工产品系列 | 3090133 | 1892910 | 1786691 | 3.1% | 2.30% | 2.20% | 63% | 6% |
| | 塑料碗系列 | 12960286 | 8062219 | 8323712 | 12.9% | 9.79% | 10.26% | 61% | –3% |
| | 饮料杯系列 | 26477239 | 20822252 | 19399625 | 26.4% | 25.27% | 23.92% | 27% | 7% |
| | 饮料吸管系列 | 11618000 | 6746817 | 6775423 | 11.6% | 8.19% | 8.35% | 72% | 0% |
| 纸制品类 | 纸杯系列 | 14586867 | 15756502 | 15679894 | 14.5% | 19.12% | 19.33% | –7% | 0% |
| | 纸盒系列 | 2852992 | 1740453 | 914749 | 2.8% | 2.11% | 1.13% | 64% | 90% |
| | 纸碗系列 | 3644559 | 3623354 | 3226087 | 3.6% | 4.40% | 3.98% | 1% | 12% |
| | 爆米花桶系列 | 239235 | 167313 | 222538 | 0.2% | 0.20% | 0.27% | 43% | –25% |
| | 蛋糕盒系列 | 6793 | 32750 | 96477 | 0.0% | 0.04% | 0.12% | –79% | –66% |
| 盖类 | 杯碗盖系列 | 14626476 | 15403789 | 16652016 | 14.6% | 18.7% | 20.53% | –5% | –7% |
| 其他产品类 | 其他系列 | 2121229 | 1980383 | 1539542 | 2.1% | 2.29% | 1.90% | 7% | 29% |

我们可以看到，在做销售收入分析时，内容一定要尽量细化，不仅要分析企业产品的各个品类，还要细化到每个品类的具体产品系列，甚至产品系列中的单个产品。

比如，塑料制品类的销售收入有多少，销售收入在年销售收入里的占比是多少，销售收入的增长率是多少等。有了基础数据，这些指标都可以通过公式算出来。得出指标数据，再分析哪些上升了、哪些下降了，然后进一步分析数据变动的原因，以此作为决策的依据，就再也不用拍脑袋决策了。

只分析销售收入还不够全面，还要分析毛利润的表现。分别算出毛利占比、毛利率和毛利增长率，哪个产品盈利，哪个产品亏损，哪个产品带来的效益最高，一目了然。

（2）**企业收支状况分析**。

通过对企业收入的分析，再补充进费用成本等数据，就能汇总出企业大概的收支状况。表6-2是某企业收支状况。

表6-2　某企业收支状况　（单位：元）

| 项目＼年份 | 2016 | 2017 | 2018 |
|---|---|---|---|
| 营业收入① | 81170989.30 | 82052511.97 | 101042290.93 |
| 营业成本② | 66691649.33 | 66108831.40 | 77120647.90 |
| 毛利润额③=①-② | 14479339.97 | 15943680.57 | 23921643.03 |
| 毛利率④=③/① | 17.84% | 19.43% | 23.67% |
| 财务费用 | 8909.52 | 275884.14 | 348080.28 |
| 销售费用 | 3212302.18 | 3515757.10 | 5579936.02 |
| 管理费用 | 6202982.30 | 7531523.92 | 10595439.82 |
| 净利润 | 3475884.02 | 3171316.91 | 4686359.75 |
| 净利率 | 4.28% | 3.86% | 4.64% |
| 总资产 | 10437414.11 | 15064849.35 | 252226444.49 |
| 净资产 | 11019768.99 | 14476232.40 | 22424367.56 |
| 期初库存 | 2351567.31 | 1664193.26 | 2784355.55 |
| 期末库存 | 1664193.26 | 2784355.55 | 2752320.17 |
| 期初应收账款 | 5232309.61 | 5573298.18 | 9330941.53 |
| 期末应收账款 | 5573298.18 | 9330941.53 | 12743871.39 |
| 客户数量（个） | 770 | 647 | 583 |
| 销售人员数量（人） | 14 | 13 | 12 |

表6-2列出了企业的营业收入、营业成本、毛利润额、毛利率、财务费用、销售费用、管理费用、净利润、净利率、总资产、净资产、期初库存、期末库存、期初应收账款、期末应收账款、客户数量、销售人员数量，有的有直观可查的数据，有的可以通过公式算出来，对它们加以分析，就能大致掌握企业的收支状况。

## 5. 用会计损益表给企业做健康体检

企业会计报表是综合反映企业在某一时点或某一阶段的财务状况、经营成果和现金流量情况的重要会计信息。

### （1）从会计损益表，分析企业经营状况。

损益表是由加减计算公式组成的报表，收入类项目加减成本费用类项目等于利润。

表6-3是模式经营管理会计损益表。

表6-3 模式经营管理会计损益表

| 项目 | | 部门 | | | | 合计 | 商品 | | |
|---|---|---|---|---|---|---|---|---|---|
| | | 采购 | 制造 | 销售 | 总公司 | | 商品A | 商品B | 商品C |
| 销售额 | 对外销售 | | | | | | | | |
| | 对内销售 | | | | | | | | |
| | 对内采购 | | | | | | | | |
| 销售净额 | | | | | | | | | |
| 变动费用 | 商品成本 | | | | | | | | |
| | 运送费 | | | | | | | | |
| | 销售手续费 | | | | | | | | |
| | 促销费 | | | | | | | | |
| | 业务资金利息 | | | | | | | | |
| | 合计 | | | | | | | | |
| 边际利润 | | | | | | | | | |
| 边际利润率 | | | | | | | | | |
| 固定费用 | 人工费 | | | | | | | | |
| | 设备费 | | | | | | | | |
| | 其他经费 | | | | | | | | |
| | 固定利息 | | | | | | | | |

续表

| 项目 | | 部门 | | | | 合计 | 商品 | | |
|---|---|---|---|---|---|---|---|---|---|
| | | 采购 | 制造 | 销售 | 总公司 | | 商品A | 商品B | 商品C |
| | 合计 | | | | | | | | |
| 经营利润 | | | | | | | | | |
| 投入人员 | | | | | | | | | |

这张表的横向分类上，首先是部门，包括采购、制造、销售、总公司，然后是商品，包括商品A、商品B、商品C……

在纵向项目上，首先列出来的是销售额，各部门和各商品分别列出销售额，并计算出销售净额。销售额分为对外销售、对内销售和对内采购三个部分。因为模式经营管理是要把企业内部做成一个个小公司，所以会有内部销售、内部核算。这里需要注意，对内部来说是核算，而不是结算，对外才是结算。接下来要列出的依次是变动费用（包括商品成本、运送费、销售手续费、促销费、业务资金利息）、固定费用（包括人工费、设备费、其他经费、固定利息），由此得出边际利润、经营利润、人均利润率等。

表6–4是模式经营管理内部交易结构表。

表6–4　模式经营管理内部交易结构表

| 项目 | | 数值 |
|---|---|---|
| 销售额（万元） | 对公司外 | |
| | 对公司内 | |
| | 总额 | |
| 内部采购（万元） | | |
| 销售净额（万元） | | |
| 费用（万元） | 原材料 | |
| | 配件 | |
| | 电费 | |
| | 部门内分摊 | |
| | 车间分摊 | |
| | 合计 | |

续表

| 项目 | | 数值 |
|---|---|---|
| （附加值）利润（万元） | | |
| 工时（小时） | 正常 | |
| | 加班 | |
| | 部门内分摊 | |
| | 车间分摊 | |
| | 合计 | |
| 部门内月均总人数（人） | | |
| 月单位时间（元/小时） | | |

表6-4列明了销售额对公司外是多少，对公司内是多少，内部采购用了多少钱，销售净额是多少，以及各种费用和各个车间、各个单位对费用的分摊情况，由此可得出附加值的利润是多少（销售净额减去费用合计）。还列明了工时、人数，得出月单位时间。

## 经典案例

××企业财务会计损益表（见表6-5）。

表6-5　××企业财务会计损益表

| 项目 | 2017年 | 2018年 |
|---|---|---|
| 一、主营业务收入 | 224469453.30 | 267781459.05 |
| 减：主营业务成本 | 172467630.40 | 226061920.27 |
| 主营业务税金及附加 | 1579493.25 | 1371538.00 |
| 二、主营业务利润 | 50422329.65 | 40348000.78 |
| 减：存货跌价损失 | 3389489.43 | 204838.13 |
| 营业费用 | 308670.31 | 328058.89 |
| 管理费用 | 5018127.66 | 7096664.19 |
| 财务费用 | 4616429.68 | 9221150.36 |

续表

| 项目 | 2017年 | 2018年 |
|---|---|---|
| 三、营业利润 | 36980250.19 | 2154673.29 |
| 加：投资收益 | — | — |
| 补贴收入 | 7283833.50 | 5671799.84 |
| 营业外收入 | 133753.08 | 7582460.40 |
| 减：营业外支出 | 54446.90 | 227134.02 |
| 四、利润总额 | 44343389.87 | 15181799.51 |
| 减：所得税 | 13708214.11 | 10398299.89 |
| 五、净利润 | 30635175.76 | 4783499.62 |

你觉得这家企业的经营状况怎么样?

该企业2017年的主营业务收入约为2.2亿元，2018年的主营业务收入约为2.7亿元。2017年的主营业务成本约为1.7亿元，税金及附加费用为150多万元；2018年的主营业务成本约为2.2亿元，税金及附加费用为130多万元。2017年的主营业务利润为5000多万元，2018年的主营业务收入为4000多万元。从中我们可以看出，2018年该企业的主营业务收入提高了，但是业务利润降低了。

在主营业务收入中，存货跌价损失多少，营业费用、财务费用、管理费用各是多少，也能从表6-5中看出来。

营业利润在2017年为3600多万元，到了2018年为2100多万元，下降了1500多万元。2018年的利润总额、净利润较2017年也都有所下降。

所以，该企业的经营状况就是营业收入高了，但是利润下降了，即企业产品竞争力逐渐下降，市场表现不佳，成本管控出现问题。这样一分析，就知道该采取什么对策了。如果是成本管控出了问题，又可以进一步分析，找出到底是哪块的成本、哪块的费用出现了问题。

## 经典案例

模世能经营会计损益表（见表6–6）。

表6–6 模世能经营会计损益表

| 项目 | | 金额（元） | 比率 |
| --- | --- | --- | --- |
| 销售额 | | 200000 | 100% |
| 变动费用 | 原材费 | 90000 | |
| | 促销费 | 10000 | |
| | 水电费 | 5000 | |
| | 变动利息 | 5000 | |
| | 变动费用合计 | 110000 | |
| 边际利润 | | 9000 | |
| 固定费用 | 人工费 | 30000 | |
| | 房租 | 20000 | |
| | 设备折旧 | 8000 | |
| | 固定利息 | 2000 | |
| | 固定费用合计 | 60000 | |
| 经营利润 | | 30000 | |
| 投入人员数（人） | | 6 | |
| 每人每月的劳动生产率 | | 1667 | |

表6–6是模世能经营会计损益表，表中列明了变动费用、固定费用，用公式就能算出边际利润和经营利润。

边际利润=销售额–变动费用合计

经营利润=边界利润–固定费用合计

同时表6–6列出了人员数量，可以算出每人每月的劳动生产率以及人工费用的劳动生产率。

每人每月的劳动生产率=边际利润/投入人员数

人工费用的劳动生产率=边际利润/人工费用×100%

这就知道了每个员工贡献的产值有多少，也就能分析出需要几个员工。

通过这张表，就能找出成本管控存在的问题。

（2）**企业生产性健康指标**。

通过销售额和费用的内容，就可以非常清楚地知道某个部门的实际经营状态，其经营上的问题也自然而然地浮现出来了。同时，通过会计报表的数据，结合表中的参照值，就能看出自己企业的生产状况。某企业生产性健康指标如表6–7所示。

表6–7 某企业生产性健康指标

| 评价等级 | 人工费的劳动生产率 | 每人每月劳动生产率（参考） |
|---|---|---|
| 优（SA） | 超过300% | 超过10万元 |
| 良（A） | 超过260% | 超过7.5万元 |
| 中（B） | 超过230% | 超过5.0万元 |
| 可（C） | 超过210% | 超过2.5万元 |
| 差（D） | 不足210% | 不足2.5万元 |

如表6–7所示，各个等级，都有相应的参照数据，可以据此评估一下自己企业的生产状况。如果企业的人工费的劳动生产率不足210%，当月每人劳动生产率不足2.5万元，就说明企业的生产状况较差。

## 6. 单位时间核算的精髓：销售额最大化，经费最小化

单位时间核算体现出的是以更少的资源在最短的时间做出市场上价值最高的商品。单位时间核算的基础是销售额最大化，经费最小化。

单位时间=（总产值–费用）/时间

通过公式，我们可以看出，提高单位时间核算的方法有三种：多接订单，增加总产值；减少浪费，降低费用；提高工作效率，缩短工作时间。如果我们把多余的工序都砍掉，就不会存在时间浪费了，单位时间内的生产效率就得以提高，

相应的劳务成本也会降低。

具体来说，制造部门的单位时间核算与销售部门的单位时间核算公式是不同的，如表6–8所示。

表6–8　不同部门的单位时间核算公式

| 制造部门的单位时间核算 | 销售部门的单位时间核算 |
|---|---|
| 总出货=对外出货+内部销售 | 总收益=销售额×佣金率 |
| 生产总值=总出货–内部采购 | 结算收益=总收益–费用 |
| 结算销售额=生产总值–费用 | |
| 单位时间=结算销售额/总时间 | 单位时间=结算收益/总时间 |

如果企业的单位费用很高，那一方面要想办法降低费用，另一方面要想办法减少不必要的工序，缩短时间，从而提高效率。

在传统制造行业，从准备生产到发货的全流程中，生产周期包括库存时间（材料库存、零部件库存、完成品库存）、停止时间、搬运时间、等待时间、附加价值时间等。这其中，附加价值时间一般占总时间的30%，其他各项共占余下时间的70%。在准备、加工、再加工、检验、完工、再检验、发货这些环节之间，都有搬运的程序，如果搬运不及时，有可能产生货物堆放或工序停滞的情况，这会浪费不少工时。

在丰田汽车的生产车间，零配件是不落地的，进厂就上生产流水线，直到整车装配完成。不仅没有搬运环节，也不会产生停滞和堆放，生产效率大大提高，节省了大量时间。

需要注意的是，减少就业规章所规定的正常工作时间（8小时）并不是减少总时间的正确方法。即使因为订单减少而工作量减少，出现每天的实际工作时间不足5小时的情况，也应该把剩余时间计入时间成本之中。

模式经营管理倡导的会计思路是：销售最大化，经费最小化，时间最短化，组织最优化。从销售额中去掉成本费用，所剩盈余再除以时间，就是单位时间的收益，一定要让这个收益实现最大化。

表6-9和表6-10是模式经营管理的会计报表对比。

表6-9 模式经营管理会计报表（改善前）

| 项目 | | 数值 | 占比 |
|---|---|---|---|
| 销售额 | | 1000万元 | |
| 变动费用 | 原材料费 | 750万元 | 75% |
| 变动费用 | 业务招待费 | 100万元 | 10% |
| 边际利润 | | 150万元 | 15% |
| 固定费用 | 人工费 | 50万元 | |
| 固定费用 | 房租、设备折旧 | 50万元 | |
| 固定费用 | 费用合计 | 100万元 | |
| 经营利润 | | 50万元 | 5% |
| 投入人员数 | | 150人 | |
| 劳动生产率 | | 1万元/人 | |

表6-10 模式经营管理会计报表（改善后）

| 项目 | | 数值 | 占比 |
|---|---|---|---|
| 销售额 | | 1000万元 | |
| 变动费用 | 原材料费 | 550万元 | 55% |
| 变动费用 | 促销费 | 100万元 | 10% |
| 变动费用 | 业务招待费 | 10万元 | 1.0% |
| 变动费用 | 变动利息（库存、原材料、应收账款） | 1万元 | 0.1% |
| 边际利润 | | 339万元 | 33.9% |

续表

| 项目 | | 数值 | 占比 |
|---|---|---|---|
| 固定费用 | 人工费 | 100万元 | |
| | 房租、设备折旧 | 50万元 | |
| | 固定利息 | 1万元 | |
| | 培训咨询费 | 30万元 | |
| | 费用合计 | 181万元 | |
| 经营利润 | | 158万元 | 15.8% |
| 投入人员数 | | 100人 | |
| 劳动生产率 | | 3.39万元/人 | |

表6-9与表6-10中的销售额都是1000万元，但是经过改善后，变动费用相比减少了，投入的人员数量也从150人减少到了100人，最终每个人当月的劳动生产值从1万元上升到3.39万元，生产效益明显地提高了。足以说明这个单元被激活了，实现了实际意义上的减员增效，有效杜绝了成本浪费。

## 7. 模式经营管理会计的八大原则

模式经营管理会计有以下八大原则。

**（1）现金本位经营原则**。

很多企业做着做着就“僵死”了、“猝死”了，它们的“死因”是什么？现金流断了。这些企业的产品或许很优质，市场表现也不错，但就是现金流出了问题。为了继续维持运营，只能选择借贷。然而市场的情况千变万化，很可能出现某些突发情况，导致资金周转出现阻碍或断裂，最后整个企业捉襟见肘，穷得连利息都难以支付，只能破产倒闭。所以，企业要想可持续发展，一定要有充足的现金流。

**（2）一一对应原则。**

企业（尤其是做模式经营管理的企业）一定要注意每一个产品要都有相应的数据，每一个产品都应该有它的落脚点。针对卖了哪些产品、销量是多少、成本是多少、库存是多少等问题，都要做到有据可查。

**（3）筋肉坚实原则。**

“筋肉”指的是模式经营管理的组织架构，意指组织架构应该紧密连接，一定不能松散。尽管内部看似是各个独立的团队或者单元，但是相互之间一定存在紧密合作，谁也离不了谁，就像是一环扣一环的链条，少了哪一环，整个链条都不能正常运作。所以，在各个单位独立核算之后，也要注意进行汇总分析。

**（4）完美主义原则。**

什么是完美？完美就是精益求精。所以在收集数据的时候，一点错误和遗漏都不要放过，哪怕有一个地方漏掉一个数据，点错了一个小数点，在某个数值上稍微含糊了一点，后续的统计数据就会与真实情况大相径庭，最终得出的结论也会有失偏颇。

**（5）双重确认原则。**

会计核算的主要不规范内容有：原始凭证填制不规范，随意填写会计记账凭证，登记会计账簿不规范。为了规范行为、认真执行制度，要遵守双重确认原则，也就是A部门给B部门的东西，B部门要进行核对确认；B部门还回来的东西，A部门也要进行核对确认；或者A部门给B部门和C部门的东西，需要这两个部门共同核对确认。既不能由某一个人拍板签收，不让他人知情，也不能说拿走就拿走，不按流程留下来往字据，更不能“秋后算账”。

（6）**提高核算原则**。

有的会计人员虽然有一定的业务水平，但长期忽视学习新的业务知识和会计法规，导致核算能力下降。所以经营会计的核算能力一定要加强，比如尽可能地将核算内容细化到每一个产品的单位时间。

（7）**简单直白原则**。

报表的“读者”可能并不都具备较充足的会计知识，内容太过烦琐只会让他们更加摸不着头脑，所以应该将报表设计得简单、直白、实用，尽量通俗易懂。而且要把销售和费用细化到员工层面，这样一来每个人所创造的价值和贡献就能凸显出来，就能更直观地反映出每个员工的工作能力与工作效率的高低。

**张雷点醒**

模式经营管理会计报表中的经营哲学是以人为本。通过变得简单、透明的数据，一方面让经营者快速了解经营状况，另一方面让员工更加主动地参与公司经营。

（8）**透明经营原则**。

在各种报表中，有些数据是不能公开的，但只要是能公开的数据，就应该全部公开，让每个部门、每个员工、每个客户都对这些数据清楚明白。

现在有一些企业，尤其是省级以下、非上市的民营企业，出于各种顾虑，不敢把实际销售额报给股东，实际上这样做会造成企业内部的信任感缺失，弊大于利。

对待员工也是一样。比如年终给员工发奖励，本来是正大光明的事情，老板非要悄悄发放，不摆在明面上。员工们在私底下会相互比较，奖励拿少了的人就会觉得有猫腻，心里有怨言，不服气，久而久之，这些负面情绪会影响到正常工作状态。老板在员工激励上花了钱，结果却没激励出正面情绪，实在是得不偿失。倒不如大大方方地按业绩说话，明明白白告诉大家，谁的业绩是多少，对应的奖励是多少。这样透明操作，既彰显了公平公正公开的原则，让大家没有任何猜忌，又能激发员工的积极性，最终获利的还是企业。

## 阅读思考

（1）你的企业最近三年的市场表现和产品表现如何？

（2）请根据会计损益表评估自己企业的健康状况。

07

# 第七章

## 在虚拟市场中实现良性竞争——强化内部交易

※ 模式经营管理把企业划分成一个个小单位，在企业与内部所属各个独立核算的单位之间，或者各个内部独立核算单位之间，除股权投资以外的各种往来业务及交易事项都普遍存在着内部交易。本章将具体介绍这种内部交易的本质与目的，以及如何梳理买卖双方的关系、如何进行内部交易的定价等。

## 1. 内部交易推动企业内部市场化

在企业内部，按照职能，可以将各个部门划分成一个个独立的单元，比如采购部、制造部、销售部等，各单元下面又可以按实际情况分出数量不等的子单元。各单元之间会相互核算，销售部的业绩会影响制造部的利润，所以就像处于市场中的公司一样，各单元相互之间是存在内部交易的。

内部交易同市场交易一样，都是将自己的产品卖给下一道工序，并且在上下工序之间进行基于自身利益的讨价还价，最终促成交易的顺利完成。比如，采购部门买来的产品（原材料）要卖给生产部门，生产部门做出的产品（成品）要卖给销售部门，这个过程就是内部交易。

**张雷点醒**

内部交易首先要创建两个“交易主体”，并且将它们虚拟为一般性质的“交易”。尽管内部交易通常只涉及一个部门，不过这个部门往往会具有双重身份，它既是卖方，也是买方，如生产部门是销售部门的卖家，同时它是采购部门的买家。

当内部交易具有一定规模后，就形成了内部市场。这个市场指的是通过经济活动、按照一定的“内部规则”，把价格机制、竞争机制、激励机制和风险机制导入企业，在组织的内部机构、成员之间形成的市场。美国麻省理工学院的弗雷斯特教授在《新公司设计》中勾画出一种未来理想的管理组织，这是企业内部市场理论构想的早期来源。

内部市场化管理是企业管理思想的进一步更新，许多企业正在推动企业内部市场化的过程，让市场机制元素融入企业原有的科层机制，加速了市场机制与管理机制的融合，运用业务流程再造在企业内部强化上下游流程关系，以便适应新的竞争形势，获得更多的竞争优势。

国内企业市场内部化先体现在改革开放初期的国企改革上，邯郸钢铁的“模拟市场核算，成本否决”，上汽集团的“人人经营”，海尔集团的“以市场链为纽带的业务流程再造”，都是其中的典型。

## 2. 内部市场是一种虚拟市场

内部市场是一种虚拟化的市场。虽然部门之间、前后环节之间也存在买卖关系，但并不是真正的一手交钱一手交货，各单元之间也不需要结算，只是模拟一个市场环境，让每个单元都能感知外部市场的变化。这样就促使所有单元形成一股合力，有效减少了推诿扯皮现象，促进各核算单位改进生产经营方式，共同为企业的业绩努力。

除此之外，企业内部市场和企业外部市场还有什么区别呢?

### （1）内部市场与外部市场的目的不同。

内部市场的经营目的是赋予各交易主体更多的独立经营权和资金调配使用权，通过加强“交易”深度来改善业绩，最终目的是提高自身业绩，使企业精细化管理得到进一步的创新和深化。

外部市场的经营目的是人、事、物的价值交换。

### （2）内部市场与外部市场的市场关系不同。

内部市场的市场关系是协调机制，体现出部门间的协同合作。在没有内部市场机制的时候，许多部门不关心市场，只管看好自己的一亩三分地，你怎么干是你的事，咱俩做事互不影响。有了内部市场机制之后，各部门间、上下游工序间改变为平等竞争、相互服务的关系，各个部门要站在一条战线上，互相支援、互相协调，既维持了自己部门的运营通畅，也使得整个企业能够始终保持在一个高速发展的轨道上，有效避免了各自为政、一盘散沙的混乱局面发生。

外部市场的市场关系是市场机制，是纯粹的竞争对手关系。

**（3）内部市场与外部市场的价格机制不同。**

内部市场的价格机制是既存在竞争，也存在合作，以此共同降低成本、共同提高收益。当企业内部的各单元被视为公司的时候，其内部的子单元就像公司的各个部门，这些子单元因为性质相同、业务相似，所以存在竞争关系，但又都要为上级单元的业绩负责，也就是说，企业内部的市场是一种不完全的市场，它们之间是既竞争又合作的关系，必须让两者有机融合，服务于企业整体利益。

外部市场的价格机制是完全的自由竞争，一切以自身利益最大化为出发点。

## 3. 外部压力模间联动，快速应对市场变化

在多数公司的运营体系中，采购部门与生产部门都被视为成本单位，只有销售部门被视为盈利单位。因此在传统经营管理模式下，只有销售部门在面对市场、感受市场压力，其他部门是没有压力的，没有压力也就没有动力，市场的变化对其的触动很小。

比如，上个月的销售收入是500万元，这个月只有300万元了，除了销售部门，其他部门是没有感觉的，更别说知道为什么销售收入会降低到300万元了，只有销售部门清楚里面的各种原因，可能是终端客户让别人抢走了，可能是经销商被别人占了。

所以传统的行政化经营模式下，外部市场压力不能有效传递到生产经营的各

个环节的结果就是：企业内部缺乏竞争，动力不足，资源配置不合理，各项管理措施未能形成合力，企业难以适应外部市场的快速变化。

导入模式经营管理内部交易，就是要改变这种局面，让每个部门都和市场接轨挂钩，让每个部门都感知到外部市场压力，并且在强烈的竞争压力下，努力节约成本，创造价值。比如，每个部门都需要对自己的利润负责，销售部门接到的订单价格下降了，这个价格的变化会直接传到内部市场，从销售到生产、从生产到采购，一层一层地传下去，市场压力就随之传到了企业内部。

以生产型企业为例，传统生产型企业有多个部门，相同性质的部门几乎都在竞争，不同类别的部门几乎没有交集。比如生产部门和销售部门是完全独立的，我生产我的，你销售你的，几乎不存在合作关系。导入模式经营管理内部交易后，销售部门的佣金会有一部分算到生产部门的费用里，这就会影响生产部门的利润。市场情况的好与坏，决定了销售业绩的好与坏，从而影响生产部门的利润，原来我卖得多，我给你的佣金就多，现在我卖得少了，我给你的佣金就少了，感受非常直观。

模式经营管理把市场模式、市场压力引入内部现场的意义在于以下两方面。

一方面，把外部市场压力传递到企业的每个角落，然后通过这样的传导机制，让所有部门都能感受到市场变化，也能对这一变化作出快速应对，找到方法实现部门与企业的“经费最小化，收益最大化”，有利于提质增效，严格保质、保量、保交期。同时，这是一个逆向机制，要用市场的要求来监督生产经营，倒推企业为什么需要这么做。

另一方面，模式经营管理内部交易本身就是一个构建管理机制的过程，这个持续改善的过程有利于员工从被管理者成为企业的经营主体，激发员工的积极性、主动性、创造性，让员工实现自创新、自驱动、自运转，通过不断培养员工的经营意识、提升员工的管理理念，企业形成了一套有效的人才培养机制。

**张雷点醒**

模式经营管理内部交易的本质是，形成虚拟市场，让市场原则进入企业的每一个角落，传递市场压力，提升经营能力，强化全员经营意识，实现“看不见的手”与“看得见的手”在企业组织中相握，以期最大限度地实现与外部市场的对接。

## 4. 让各部门更紧密关联的订单制销售

在传统经营方式下，销售额减去销售费用就是利润，这是最简单的算法。而模式经营管理采用订单制销售，有多少单子进来，企业根据订单的数量来生产、销售，类似于定制。

我们可以发现，越是高端的产品越容易采取定制形式。比如，劳斯莱斯汽车并不是成批生产出来放着等人买，因为高端客户更加注重“与众不同”的个性化体验，每个人的喜好都不一样，对于汽车内部的设施配置也各有要求，同一种车型就要求有不同的颜色、不同的装饰和不同的功能。再比如，保时捷的裸车，基础配置的价格在八九十万元，客户可以按照个性化要求加装设施，这部分费用是三十万元起。这说明了批量生产的成本其实并不高，但是加上个性化配置之后，整体成本就上去了。所以，许多高端产品多采用订单制销售。

在模式经营管理中也是这样，一定要注意减少库存，千万不要毫无计划或者凭借主观臆断就大量生产产品，否则库存压多了，对于企业的长久发展而言，有百害而无一利。

**经典案例**

我有一个客户是做高端男装专卖店的，独立店面和商场都有铺货。我跟他去海宁定羊绒衫，那个厂的羊绒衫成本一件一百六七十元，他拿回来在专卖店卖3600元。看着差价惊人，但因为要做活动，还要有折扣，再加上杂七杂八的满减，实际上一件也就卖1000多元，最后再扣除其他费用，平均下来一件也就赚200元左右。

2017年，他的公司的销售额是7亿元，但库存就有2亿元，四个大仓库，堆得满满的。他是做专卖店的，还比较高端，又不能搞甩卖，后来只能把商标剪掉处理。那就不论价格了，而是论车让人拉走。

可见，虽然表面看着销售额高，但是把杂七杂八的成本算进去之后，利润真是所剩无几了。这就是传统销售方式不好的一面。所以不如再高端一些，做定制，生产量可能不大，但利润会很可观。

**张雷点醒**

订单制销售，指提前制定一个销售价格，再按照消费者的需求进行生产并销售。它一方面可以满足消费者的多样化需求，另一方面可以减少降价、库存带来的潜在损失，是一种厂商与消费者双向选择的双赢营销方式，有利于保障企业的销售、生产、采购等活动中均处于有序、流畅、高效的状态，让良性可持续发展成为必然。

那么，如何做好订单制销售呢？这就要引入内部交易，消除内耗与无效行为，共同关注订单的顺利实现，以此避免在区域与总部、生产和销售部门之间的衔接上出现断层。这个交易涉及双向核算，一方面是根据接单金额来扣除销售成本、制造成本、采购成本等，算出利润；另一方面是根据生产金额和销售利润来核算成本。

## 5. 核算再核算，建立内部市场价格体系

通过价格，市场机制才能发挥作用，内部交易价格是实现内部交易的基本工具和结算尺度。

**（1）模式经营管理内部交易定价的本质**。

其本质就是建立内部市场价格体系。让大家知道每一个环节、每一个步骤都要核算（不用结算），核算出时间成本是多少、生产成本是多少、销售成本是多少等，继而以外部要素市场价格和企业标准成本为基础，不断加以改进。

**（2）模式经营管理内部交易定价的客体**。

企业内部的各部门、各岗位的工作性质是不同的，因此相互之间需要采取不同的交易方式和核算规则。企业要设计好市场规则、明确好市场关系与市场交易客体，使各参与者相互监督、相互考核，成本责任得以细化分解。

企业内部市场的交易客体即为核算的主体，不论是部门或子公司之间的成品、中间产品，还是作业工序之间的中间产品，或是职能部门之间的劳务或服务，都可以作为内部交易客体进行定价。

作为交易客体，它应该具备以下特点：首先是易于计算，必须具备能够准确计量的特点，这是内部市场进行绩效考核和核算的基础；其次是交易客体的质量或品质要保持稳定，否则就会降低交易的可能，增加交易的协调难度，增加交易费用。

**（3）模式经营管理内部交易定价的原则**。

模式经营管理内部交易定价的原则是：简单性、激励性、公平性、市场性。

既然是内部交易，就不要搞得过于复杂，核算的项目可以少一些，但是一定要有激励性，能对部门和员工产生积极效应，而且要注意兼顾公平性和市场性。价格的变动会引起相关经济单位之间的利益重新分配和组合，要注意防止各主体过于注重自身利益所表现的本位主义和短期行为。

## 6. 内部交易的几种定价方法

### （1）模式经营管理内部交易定价方法。

模式经营管理内部交易一般有四种定价方法：市场参考定价法、成本基础定价法、交易协商定价法、佣金比例定价法。

第一，市场参考定价法。市场参考定价法是从接到客户订单报价开始倒推，每个部门从订单金额中依次减去自己完成订单的费用（即各阶段成本），计算后得出利润，以此作为定价依据，如图7-1所示。

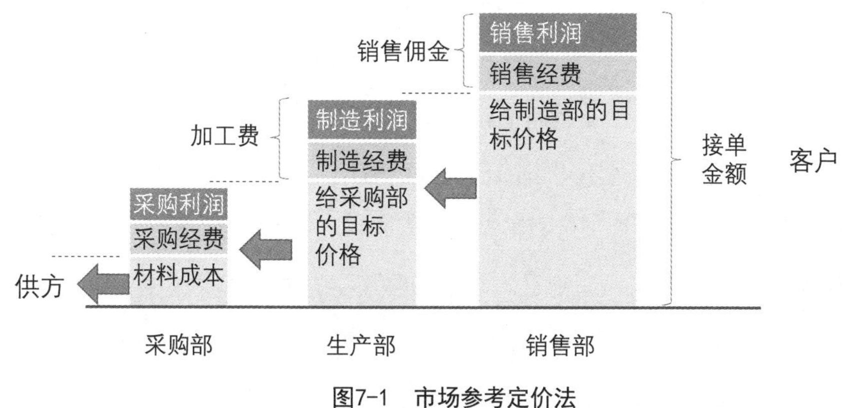


图7-1 市场参考定价法

比如，客户下了单，表明了需要什么产品、数额多少、报价多少，销售部接单以后，根据订单数据，把销售佣金减掉。也就是说，不管这个单的销售额是1000万元还是100万元，只看销售部的销售费要占多少、剩下多少。比如，一个100万元的单子，销售费用10万元，剩下90万元就交给生产部；生产部接到90万元的单子，要核算完成此单自己的制造费用，假设是20万元，就减去20万元，剩下70万元交给采购部；采购部再核算自己需要的采购费用，最后得出大概的利润。

第二，成本基础定价法。成本基础定价法的流程和市场参考定价法刚好相反。假定出现了这样一种情况：通过市场参考定价法，倒推出所有成本是100元，以此为基础，定价110元，然而发现这件产品的市场售价只有90元，这个订单该怎么做下去呢？这时就要采用成本基础定价法，从原材料采购开始核算，找到可以降低成本的环节，如图7-2所示。

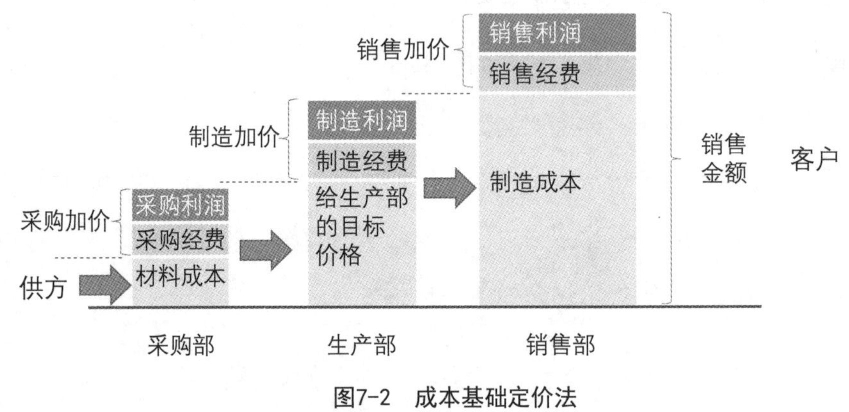


图7-2 成本基础定价法

如果是采购成本高了，就看有没有别的价格低的原材料供应商，或者有没有可替代的原材料，或者可不可以降低采购的费用。

如果是制造成本高了，就看能不能减少工序、减少人员，提高单位时间产量。

如果是销售成本高了，就看能不能采取其他的销售方式，比如原来是直营，现在能不能做加盟连锁代理？同时别忘了思考以下几个问题：可以通过与供货商重新协商来降低销货成本吗？可以寻找新的、较便宜的供货商来降低销货成本吗？可以用其他物品、材料或产品代替目前的吗？

如此，注意审查每个环节，改善后重新核算成本，以此为依据进行定价。

第三，交易协商定价法，在传统经营模式下，生产产品的过程中，可能会出现中间环节不清不楚的情况。比如，某个产品的市场价格是120元，除了销售知道这个价格，上游的生产部门、采购部门对这个价格是没有概念的，它们只管埋头生产，不知道产品多少钱，也不知道卖出产品能盈利多少，可以说对价格体系几乎没有认知。

模式经营管理内部交易的定价，每一个环节都会产生价格，也就是说把产品相关的所有部门都纳入了价格体系，模式经营管理内部交易中某产品的价格体系如表7–1所示。

**表7–1 模式经营管理内部交易中某产品的价格体系**

| 项目 | | 价格 |
|---|---|---|
| 采购（原材料） | | 150元 |
| 生产 | A工序 | 195元 |
| | B工序 | 245元 |
| | C工序 | 320元 |
| | D工序 | 360元 |
| | 成品包装 | 400元 |
| 销售（终端出货） | | 500元 |

如表7–1所示，生产一件产品，采购部门的原材料成本是150元；到了生产部门，第一道工序成本45元，所以做完第一道工序，总成本就变成了195元，第二道工序成本50元，总成本变成了245元，以此类推，直到把所有工序做完，总成本360元，再加上成品包装，总成本一共400元；到销售部门报价的时候，出货价格为500元，这多出来的100元，还要减去销售费用、物流成本等，剩下的才是利润。这么一算，利润真是太薄了。

这种情况下，各个部门就要对此加以协商了。

首先，把一道道工序都列出来，分析哪些工序是必须保留的，哪些工序是可以优化或者去掉的。比如原来从B工序到D工序，中间还有一个C工序，分析后发现，C工序是可以减掉的，那么成本就能节省75元，如果终端出货的价格还是500元，那就等于利润多了75元。这就是部门内部的协商。

其次，部门之间也可以协商。比如销售部门接到订单，估算了一下这一单的利润，然后把订单交给生产部门。生产部门有两个车间，完成这个订单，第一车间需要四道工序，成本210元，第二车间优化了流程，只需要三道工序，成本135元。销售部门会把订单交给谁？必然是第二车间。如此一来，就在企业内部引入了市场竞争的意识，第一车间为了下次能够拿到订单，也会想办法优化生产流程。

**张雷点醒**

在模式经营管理的理念中，不管是采购部门也好，生产部门也罢，还是其他部门，大家都在想同一件事——怎样降低购入产品或服务的消耗，控制成本。

第四，佣金比例定价法，就是在制定产品对外销售价格的时候，把销售部门的销售费用计算在内。用产品价格乘以销售佣金率，得出销售部门的收益。这要求生产部门在生产过程中控制成本，保证销售部门能拿到这个收益。除掉成本和销售部门所得收益的剩余部分，就是生产部门的收益。

这时候生产部门就要动脑筋了。比如这件产品应该以240元的价格给销售部门，而我生产这件产品，要经过四道工序，成本是210元，我能收益30元，现在我发现其中有一道工序可以减掉，减掉之后的生产成本是135元，那么我就能收益105元，这多出来的75元，就是对优化流程所做工作的最好奖励。

俗话说，节约归己。在这种定价方法的激励下，生产部门就会在优化工艺、流程以及减员增效等方面投入极大的热情和积极性，以求最大限度地提高自己的收益。

所以，这种定价法能很好地避免吃“大锅饭”的现象，促使各部门找到独立运营的感觉，最终提升整个企业的效益。

## （2）模式经营管理内部交易定价方法的选择。

前文介绍了模式经营管理内部交易的价格体系以及四种定价方法，在这个体系下，在不同情况下应该选择哪种方法呢？模式经营管理内部交易定价方法的选择如表7-2所示。

表7-2　　模式经营管理内部交易定价方法的选择

| 交易代码 | 交易类型 | 产品或服务 | 卖方 | 买方 | 定价方法 | 计算方式 |
|---|---|---|---|---|---|---|
| （1） | 单元间 | 材料 | 采购部 | 生产部 | 市场参考定价法 | 材料市场平均价格 |
| （2） | 单元间 | 成品 | 生产部 | 销售部 | 佣金比例定价法 | 产品对外销售价格（销售佣金率） |
| ① | 单元内 | 半成品 | 生产部—前加工车间 | 生产部—后加工车间 | 交易协商定价法 | 协商设定 |

模式经营管理内部交易的交易类型分为单元内部交易和各单元之间的交易。

比如，卖方是采购部，买方是生产部，即生产部购买采购部的原材料，可以根据市场参考定价法估算材料的平均价格。如果采购部的要价高于市场平均价格了，那就说明采购部费用控制出问题了，需要改善。

比如，卖方是生产部，买方是销售部，即销售部购买生产部生产的产品，可以采用佣金比例定价法，考量一下生产部的生产成本是否合理，工艺、工序、工时还有没有优化增效的可能。

再比如，在生产部门内部，前一道工序和后一道工序之间的交易，可以采用交易协商定价法，大家商量一下怎么做，才能保证成本最低、价格最合理。

**张雷点醒**

再次提醒，这里的所有交易，都是核算，不用结算。核算出的结果，直接汇总到经营管理会计那里，总部会根据这些费用对各部门进行分摊。

## 7. 用数据说话：费用分摊与损益表

在传统模式下，要交付成品以后才有数据，才知道原材料用了什么、用了多少，到最后销售了多少等。导入模式经营管理内部交易后，保证了现场数据的及时性，每一个环节都有具体数据，可以观察各个经营单元的盈亏状态，能以最快的速度发现问题出在哪一个环节或哪一个部门，比如哪个环节的成本高了、哪个环节耗费的时间长了等，从而及时纠偏，弥补漏洞，真正实现精细化管理。

**（1）总部机构直接费用分摊标准**。

对财务费用，可以通过资产或资金占用率来计算出分摊额。

对于人力资源部门费用，可以通过人工数（高层、中层、基层）的比例进行加权折算。

对信息部门费用，可以通过使用的软件模块、数据分析报告来计算。

对行政后勤部门费用，可以通过人数、工作场所面积、业务量比例来加以计算。

**（2）总部机构直接费用分摊原则：谁使用，谁受益，谁负责**。

需要分摊的费用都是通过内部交易核算得出的费用，这些费用来自每一道工序、每一个工艺。根据模式经营管理会计的一一对应原则，每一笔费用都是能找到相关责任人的。

比如有一笔费用来自生产部，使用人是生产部经理，那就应该由他负责，如果这笔费用比以前下降了，节省了成本，那么就可以把相应的奖励给这个生产部经理，这就是受益；如果这笔费用比以前增多了，那他可能拿不到奖金，甚至要受到惩罚，这就是负责。

### （3）二级模式损益表。

汇总经营会计核算、内部交易核算、直接费用分摊等数据，就可以得出二级模式损益表（见表7–3），从而对各部门和企业的整体经营状况有比较清晰的了解。

表7–3　　二级模式损益表（内部交易、费用分摊与合并报表）　　单位：万元

| 项目＼部门 | | 采购 | 生产 | 营销 | 小计 | 总公司 | 合计 |
|---|---|---|---|---|---|---|---|
| 对外销售额 | | | | 150 | 150 | | 150 |
| 对内销售额 | | 90 | 120 | | （210） | | （210） |
| 内部采购 | | | 90 | 120 | （210） | | （210） |
| 销售净额 | | 90 | 30 | 30 | 150 | | 150 |
| 变动费用 | 销售成本 | 80 | | | 80 | | 80 |
| | 其他变动费 | 5 | 10 | 10 | 25 | | 25 |
| | 小计 | 85 | 10 | 10 | 105 | | 105 |
| 边际利益 | | 5 | 20 | 20 | 45 | | 45 |
| 固定费用 | 人工费 | 3 | 12 | 10 | 25 | 2 | 27 |
| 贡献经营利益 | | 2 | 8 | 10 | 20 | –2 | 18 |
| 总公司费用分摊 | | 0.2 | 0.8 | 1 | 2 | | 2 |
| 经营利益 | | 1.8 | 7.2 | 9 | 18 | | 18 |

## 阅读思考

（1）内部市场与外部市场的区别是什么？

（2）如何理解内部交易对订单制销售起到的推动作用？

（3）根据自己企业的内部交易数据，做一下费用分摊练习。

# 08

# 第八章

## 定战略、制战术、赢战争
## ——部门年度规划

※ 部门年度规划就是企业部门为达到战略目标而制订的关于部门年度的目标及具体的行动方案。它不仅仅是一种计划，还包括对内外环境的分析、执行措施的计划、所需的资源与预算、执行的监控与计划的调整等多个方面。部门年度规划是企业年度绩效考评的重要依据。

## 1. 年度规划在战略规划体系中的定位

一个企业的战略规划系统是怎样的？大致包含两个方面：一个是业务模式的设计，包括产品与服务、盈利模式等；另一个是保障业务完成的机制，包括组织与文化、控制与激励等。上层要定好战略目标，中层要体现核心竞争力，下层要组织好流程，这就是整个规划体系。

在这个体系中，规划一般都是按照时间推进的，所以各层次制订规划的周期、内涵与目的也是不一样的。模式经营管理计划各层次的周期、内涵与目的如表8–1所示。

**表8–1　　模式经营管理计划各层次的周期、内涵与目的**

| 内容 | 周期 | 内涵 | 目的 |
| --- | --- | --- | --- |
| 远景规划与理念规划 | 9年以上 | 动力源泉 | 改变环境 |
| 中长期规划 | 3～6年 | 建立优势 | 适应环境 |
| 年度规划 | 1年 | 改善实施 | 选择环境 |
| 周计划与月度计划（日常管理） | 1周/1月 | 管理维持 | 创造环境 |

在表8–1中，周计划与月度计划解决执行力问题；年度规划解决“能不能做、怎么做”的问题；中长期规划解决“要不要做”的问题；远景规划解决“想不想做”的问题；理念规划解决“应不应该做”的问题。

在企业的整个战略体系中，周计划与月度计划归属一个层面，年度规划、中长期规划归属一个更高的层面，远景规划与理念规划归属最高的层面。居于中间层面的年度规划，上承企业的经营理念、经营愿景等宏观的规划，将战略对一年的工作要求明确出来；下启企业每个月、每周甚至每天的具体工作计划，是一年规划的主要依据。同时，企业对绩效的考核，一般也以年为单位进行，所以管理监督、改善、纠偏的PDCA（戴明环）循环，也多以年为周期运转。

由此可见，年度规划是企业战略规划落地的桥梁和保障，制订年度规划是一项烦琐而重要的大事。这其中以部门年度规划最为重要，它既具有战略意义，也具有实操价值。

但有些企业老板对年度规划存在一些认识上的误区，比如，“我们公司很小，用不着年度规划”，但正是因为公司的规模小、资源有限，才要制订有效的经营计划使资源配置达到最优；再比如“计划赶不上变化”，市场瞬息万变，企业不能一成不变、被动挨打，要及时启动调整程序以应对变故。

**张雷点醒**

即便是粗糙的年度规划，总比没有的好。每年运用PDCA工具，不断进行改进，就可以让规划更加完善、科学，从无到有地实现精益求精。

## 2. 年度规划的目的与作用

**经典案例**

### 某某公司各部门2018年度目标规划

一、营销中心

指标1：业绩目标——3亿元。

指标2：利润目标——1500万元。

指标3：市场开拓目标——中国20家省级服务公司，1000位模式事业合伙人。

二、课程研讨会教育中心

指标4：生产目标——商业模式培训3亿元，咨询孵化7亿元，产业母基金30亿元。

三、课程研发中心

略。

四、品牌策划中心

指标5：品牌目标——中国中小企业商业模式转换第一品牌。

五、总裁办

指标6：管理目标——标准化、流程化、制度化、智能化、市场化。

指标7：文化目标——客户至上，统一视觉、言语、行为等服务系统。

六、人事中心

指标8：人才目标——博士学历人员占比5%，研究生学历人员占比10%，本科学历人员占比50%，大专学历人员占比35%。

通过这个案例，我们可以对部门年度规划的目的和作用有个大体认识。

**（1）年度规划的目的。**

说得通俗一点，就是要知道从哪里赚钱，怎么赚钱，怎么开源节流。也就是对外要知道市场在哪，客户在哪，如何满足客户的需求，如何打败竞争对手；对内要做好内控，知道如何管理资金，如何维系组织，如何设定绩效等；所有这一切的最终目的，就是效益最大化。

**（2）年度规划的作用。**

第一，将战略方针数字化。

战略方针往往是宏观的、抽象的，而明确的数据具有明确的指导意义，可以让员工抓住工作重点，有的放矢地展开工作。

第二，统一全员意见。

部门规划是在理想状况下自下而上制订出来的草案，需要经过部门上下每个人的积极参与、反复论证推敲，既要符合董事会的利益和期望，又要能细分细化、切实可行。充分体现出群策群力才是保持部门战斗力的最佳途径。

第三，制订月度计划的基准。

作为月度计划的“上层领导”，年度规划对其起着总领和规范作用，为月度具体目标与措施的制订提供基准。

第四，量化分权的基准。

企业经营的本质在于行动，行动的积极性源于权力的共享。量化分权是必然内容，年度规划中指明了谁有权力、谁有责任、谁有义务，权责明确，可以极大避免扯皮推诿、越权等事件的发生。

第五，评价组织和员工业绩的基准。

有了规划、有了目标、有了具体的数据和职责，就有了绩效评估的材料，可以为各个职能的业绩评价提供客观标准，为职务升降、奖金与年终奖的发放提供准确依据。

## 3. 分解目标到部门，找到自己的位置

年度规划的制订是有规律可循的，掌握了它，就可以事半功倍。下面具体介绍在企业既定目标下，部门如何做好明确部门的宗旨、职责和目标的工作。

无论是哪个部门，都不是因人设岗的，而是因岗定人。因为企业的组织或经营活动需要某个岗位，才能把组织支撑起来，把经营做下去，有了岗位，才有对人才的需求。所以，这个部门成立的重要性、宗旨、意义、目的，是非常关键的。

企业为什么设立这个部门、那个岗位？很多时候是老板手上有个人，这个人可能跟老板打江山很多年了，但现在暂时没地方安置，没有适合他的管理岗位，于是老板就随便想一个部门，把这个人放了进去。这种现象在一些企业里很常见，但是老板们有没有想过，你设置这个部门的意义在哪里？除了安置了一个老员工，这个部门还有什么作用？它的职责是什么？目标是什么？它能给企业带来什么贡献？

要知道，设置部门的出发点，一定在于保障企业的整体效益。所以在企业年度规划的基础上，各部门都要相应地制订属于自己的工作规划，明确自己在企业年度规划中的定位和角色，明确自己在企业的具体某个项目中要负担的工作内容、承担的工作责任、与其他部门的联系等。

在部门年度规划中，要把企业总目标分解成至少三个量化的部门目标，然后围绕目标，针对每项工作，给出具体的、量化的计划，比如工作内容、责任人、完成标准、完成时间。

另外，企业年度规划是每个部门规划的有机结合体，因此每个部门在关注本部门工作规划的同时，认真了解其他部门的工作规划是极有必要的，这样才能有效整合、合理分配资源，实现企业效益的最大化。

## 4. 用去年的数据指导今年的工作

了解过去是为了更好地展望未来，对本年度的工作进行总结和分析是做好明年工作规划的核心。我们要根据以往数据，全面掌握部门内部和外部有哪些优势，由此分析出今年会面临哪些机会，可能遇到哪些挑战。还要分析客户状况、市场状况和部门人员状况，对未来趋势做出适当的预测。

以汽车销售为例，需要统计出上一年度的各项销售数据，进行详细的分析，找出发展规律，这些数据包括以下几项。

店面开发情况（时间、位置、店面规模、人员数量）。分析出多长时间开发一家新店，在哪里开的店，规模如何……

各店的销售情况。分析出每个店每个月的销量是多少，每个月进店的客流量是多大，人均销量是多少，销售出去的产品价位怎么分布，该店的各项成本是多少，盈利状况如何……

各店的客户情况。分析出客户需求是什么，目标客户有什么特征，针对目标客户的价值定位是什么……

竞争对手的情况。分析出竞争对手的业绩如何，今年有何动向，是否有新的竞争对手加入……

记住，这部分内容实际上是为后续的工作规划、执行步骤服务的，所以不要写得过多过细，以免本末倒置，使年度规划变成了年度总结。侧重点应该放在“指导今年的工作上”，也就是客观地分析出部门的优势与劣势，以便在后面的内容中给出改善目标与具体方案。

## 5. 编制预算、设置架构、制定策略、推进步骤

年度规划的两大忌：一个是不周全，另一个是太空泛。

年度规划牵一发而动全身，执行不力的原因之一便是计划与资源不匹配。这往往使人员在执行规划的过程中处处碰壁、层层受阻，发现人力、财力、物力等各方面的资源都极为匮乏，根本不足以支撑计划的执行。最根本的原因就是当初制订年度规划的时候，没有做好编制预算和设置架构。预算没有考虑周全，就会出现“钱到用时方恨少”的情况；人力资源的岗位架构不合理，就会出现“战事临头无良将”的情况。

所以，投入一个项目、设定一个目标之后，一定要搞清楚做这件事情，需要多少预算，对财务进行规划。也就是根据上年度预算和决算的结果，以及本年度的具体目标，来编写本年度预算。还要考虑部门需要什么样的架构，要不要增设

岗位，有没有冗余的岗位。也就是为了实现效益最大化，要先看成本是否合理，能否降低。有了充分的资源保障，计划才有可能贯彻执行下去。

在大体的规划框架搭建好之后，接下来就可以往里面填写具体内容，要把规划的方法变成可以操作的具体模板。在制订部门年度规划时，切忌太过空泛，通篇都是理念和思想，即便遇到具体事项，也只是给出一个方向性的指导意见，这样是绝对不行的。

因此，在拿到公司的年度目标任务之后，要把企业的年度重点工作立项，对其进行分解，找出与本部门相关的目标任务。然后以项目化的形式来制定相应的策略，做到主次分明，有粗到细，从系统到局部。具体而言，就是要搞清楚为什么是这样的任务，为了完成任务，我的部门应该做什么，分几步做，等等。

比如，年度规划中的某一个目标是提高销售部门的利润，就需要列举出本年度针对利润的具体目标和要求。表8-2是企业年度利润计划表的示例，可以参照执行。其他方面的计划制订，也可以以这个表为蓝本，进行相应修改制订。

**表8-2　　　　企业年度利润计划表**

<table>
<tr><th colspan="3" rowspan="2">项目</th><th colspan="3">事业部门</th><th rowspan="2">小计</th><th rowspan="2">总公司管理</th><th rowspan="2">全公司合计</th></tr>
<tr><th>A事业部</th><th>B事业部</th><th>C事业部</th></tr>
<tr><td colspan="2">销售额</td><td>1</td><td></td><td></td><td></td><td></td><td></td><td></td></tr>
<tr><td colspan="2">变动费</td><td>2</td><td></td><td></td><td></td><td></td><td></td><td></td></tr>
<tr><td colspan="2">边际利润</td><td>3</td><td></td><td></td><td></td><td></td><td></td><td></td></tr>
<tr><td colspan="2">边际利润率</td><td>4</td><td></td><td></td><td></td><td></td><td></td><td></td></tr>
<tr><td rowspan="5">固定费用</td><td>人工费</td><td>5</td><td></td><td></td><td></td><td></td><td></td><td></td></tr>
<tr><td>设备费</td><td>6</td><td></td><td></td><td></td><td></td><td></td><td></td></tr>
<tr><td>其他经费</td><td>7</td><td></td><td></td><td></td><td></td><td></td><td></td></tr>
<tr><td>资金利息</td><td>8</td><td></td><td></td><td></td><td></td><td></td><td></td></tr>
<tr><td>小计</td><td>9</td><td></td><td></td><td></td><td></td><td></td><td></td></tr>
<tr><td colspan="2">贡献利润</td><td>10</td><td></td><td></td><td></td><td></td><td></td><td></td></tr>
<tr><td colspan="2">总公司费用分摊</td><td>11</td><td></td><td></td><td></td><td></td><td></td><td></td></tr>
<tr><td colspan="2">经营利润</td><td>12</td><td></td><td></td><td></td><td></td><td></td><td></td></tr>
</table>

管理就是把复杂的事情简单化，再落实到宏观框架上，并能用一张张微观的表格清楚明白地表现出来。

需要注意的是，这些数字化的数据标准的设定不能凭经验和感觉，要基于过往成绩，在现实的基础上，设定得有理有据。对各项资源和信息掌握得越全面、分析得越透彻，制订出来的规划就越准确、越科学。但是不能盲目设定硬性数据，要注意激发员工的潜力和创造力，根据具体情况区别对待。

然后，我们要对每一个策略设置具体的执行步骤，规定每一步完成的时间节点，或者每一步在每一个固定的时间点应该做到什么程度，再有序地执行。避免年度规划虽然做出来了，但被束之高阁，根本不加以落实执行。

张雷点醒

尽管要制订出执行步骤，但不要过于关注细节，如果一定要按照上百页的计划内容去执行、监控，各部门会缺乏自主性和弹性，管理层也无法监控到所有细节。

还需要注意的是，现实中并没有一劳永逸的计划，市场瞬息万变，我们也许已经大致掌握了变化的规律，做好大框架，但这还不足以让年度规划完美无瑕，做到以不变应万变，我们应该时刻关注市场动态，及时微调工作规划，保持整体规划的合理性。

## 阅读思考

思考自己企业的年度规划。

# 09 第九章

# 以能力效益提升为导向——绩效管理

※ 松下幸之助表示：经营上要经常对员工进行考核；假如缺少对业绩、能力的制度性考核，只依赖一线监督者的意见，据此做出人事安排，那么稍有疏忽，就会出现不公平的情况，员工感到不满，必然损害士气和效率。因此，企业家、管理者与员工都需要绩效管理。

## 1. 绩效管理，让企业基业长青

你的企业存不存在以下这些问题？

· 目标模糊，员工积极性下降，缺乏战斗力，做事拖拉无效率。

· 看不清职责，组织结构混乱，机构臃肿，人力成本显著上升。

· 流程不清，员工的工作缺乏监督机制，导致管理黑洞的出现。

· 执行力差，生产效率低，利润下滑，企业亏损。

· 缺乏考核体系和人才培养体系，员工们惯于浑水摸鱼，想做事的人做不了事，不想做事的人反而得到重用，以致人才流失情况严重。

上面列出的只是企业可能存在的问题中的一小部分，如果企业有这些问题，那就说明企业的激励机制出现了问题。

一个企业就像一棵树，企业文化、愿景使命是土壤根基，制度模式、流程规范是树干枝叶，产品或服务、占领的市场、拥有的渠道、经营的品牌声誉、获得的技术专利、资本的青睐等则是果实。

这棵树要想根深叶茂、百年常青，最需要的是什么？它需要精心的照料、持续的水分和充足的养分，这就是绩效管理、绩效激励。

### （1）绩效管理的意义。

第一，统一目标，齐心协力。

绩效管理使企业的战略目标转化成财务指标。通过人人头上有指标，实现让全体员工都有责任感的目的。不管考核什么绩效，大家的终极目的都是完成目标。做得好的、有进步的，企业就要给相应的激励，最大限度地调动员工的积极性。

第二，提升能力。

绩效管理对责任人执行计划的全过程加以监督、指导，必要时及时纠偏，能够最大限度避免责任人犯大的错误，同时帮助责任人认识和弥补自己的短板，提升自己的工作能力。绩效管理也可建立起企业的人才选拔和培养体系。

第三，改善管理。

企业做得越大，风险就越大，需要规范化的绩效管理来监督、检查、纠偏。绩效管理能够帮助企业规避经营风险，并且控制企业生产的过程，对其进行监督优化，保证企业的管理一次比一次到位，最大限度地保证获得最好的结果，帮助企业良性发展。

第四，成就梦想。

对员工的执行过程进行指导、帮助，也可以逐步提升员工的经营意识，让员工成为具有经营意识的人才。

**（2）绩效考核不等于绩效管理。**

很多企业把绩效考核等同于绩效管理。一问企业老板，你们做绩效管理了吗？老板都说做了。深究之下，才发现他的企业做的是绩效考核。

绩效管理和绩效考核是有本质区别的。

首先，绩效管理是一个完整的管理过程；绩效考核只是管理过程中的局部环节，是绩效管理的手段之一。

其次，绩效管理管的是过程，看的是未来，而不是盯着眼前的结果。绩效管理还侧重于信息沟通过程中的绩效提高，关注管理过程中的问题解决；绩效考核则主要关注某一阶段的执行结果，侧重于事后的判断和评估。

最后，绩效管理能分析计划执行过程中的问题和不足，关注如何改善；绩效考核则关注计划的完成情况以及相应的奖惩措施。

模式经营管理的绩效管理要解决的问题是：怎样设定绩效目标，怎样监督计划的执行，如何对好的执行结果进行奖励。也就是说，在什么时候、哪些方面需要什么样的绩效评估，怎样进行评估。

绩效管理对部门也提出了新的要求，要求部门能够上接战略目标，下连岗位任务，一边提高员工的意识与能力，一边具备有效的激励效应。总之，要以能力效益提升为导向。

**张雷点醒**

新时代的绩效管理，就是科学评估，激励驱动，上有战略引导和文化牵引，中有资本创新和商业模式创新保驾护航，下有培训机制提升员工的能力。

## 2. 六步走，设定绩效管理的顶层框架

**（1）转化战略目标**。

要把企业的战略目标转化成绩效的指标，可以列一个表格，分析你的行业里成功企业是怎么做的，它们成功的关键因素是什么，然后分析行业中的产业链结构，由此得出“企业要采用什么样的竞争策略”，以此确定未来的战略目标方向。

比如你是选择对产品进行更新迭代，还是选择不断打造优质的客户服务，还是选择效果极佳的宣传，要有明确的方向。也就是要明白，你采用的是产品领先战略、亲近客户战略，还是运营卓越战略。

**（2）设定组织架构**。

要让组织架构的设置和企业战略目标相匹配，企业中支持这个战略目标的组

织架构应该至少占整个企业组织的80%。

设定组织构架要注意三个要素：如何布局（以什么形式来布局）；岗位如何设置（以区域还是部门为中心，是做成事业部还是设置单一的岗位，等等）；流程如何（过程如何运作，岗位间如何协调、配合等）。

**（3）设定岗位职责**。

有了整体架构，设置了具体的岗位，接下来就要考虑岗位职责。岗位职责也就是最终考核的指标依据。每一个岗位是做什么的，要设定清楚。

设定岗位职责要注意回答以下几个问题。

客户是谁？即要明确知道这个岗位是为谁服务的。

客户的核心需求是什么？比如，这个岗位的职责就是满足客户的核心需求，那么这个岗位设置得是否合理，就要以是否能满足客户的核心需求为检验标准之一。

用什么方法？做哪些事情？怎么做？投入哪些资源……

还有一个要注意的地方，每一个岗位都有较常规的工作，也有较重要的工作，较重要的工作就是最能体现这个岗位价值的工作，也是这个岗位绩效考核的关键指标。这个指标一般三条到五条就足够了。

**（4）设定绩效考核要点**。

那么，具体要考核哪些方面呢？可以从数量、质量、成本、时间四个方面加以考虑，不一定要面面俱到，一般绩效考核要点控制在五个左右为宜。

比如考核一个销售员。第一是数量，今天拜访了多少客户，打了多少个电话；第二是质量，打的电话有多少是有效的，拜访的客户有多少是可以继续跟进的，最终成交的有多少；第三是成本，电话费、交通费等，投入了多少；第四是时间，从电话邀约到最终成交，花了多长时间。综合考量这四方面，就能对销售员做出比较公平的考核。

再比如考核一个司机。数量上，这个月出车多少次；质量上，有没有维修记录，有没有事故记录；成本上，油耗多少；时间上，总共出车多长时间。

**（5）设定绩效指标。**

绩效指标是指通过科学方法明确组织业绩和潜力，从而获得的用于绩效考核的内容、单位、标准。通常，绩效指标可以分为定量指标与定性指标。在设定指标的时候，要按照以下步骤。

首先，要参考过去的数据。比如前三个月的数据，或者去年的同期数据。

其次，要参考行业增长率。设定指标的时候要等于或略高于行业增长率。

再次，要树立标杆。告诉大家要做什么、怎么做才能达到这个数据标杆；如果你没有全部完成，完成了百分之多少，会被归为哪个等级。

最后，就是建立行业的标杆。给大家一个激励目标，朝着这个方向去努力。

需注意的是，设定绩效指标时有以下八个关键点（见表9-1）。

**表9-1　设定绩效指标的关键点**

| 序号 | 关键点 | 具体内容 |
|---|---|---|
| 1 | 量化 | 指标要量化，一定要有数据 |
| 2 | 有责任人 | 要明确责任人，指标一定要落实到人身上。每一个环节有什么责任，每个责任由谁负责，考核者、检查者、监督者分别是谁，都要确定 |
| 3 | 要细分 | 指标不能笼统，把绩效指标细分到最小的单元，分得越细越好，要层层分解，落实到人 |
| 4 | 有挑战 | 绩效指标要有挑战，不能是很容易就可以完成的 |
| 5 | 有时限 | 要有时间节点的限制，要求在规定时间内完成 |
| 6 | 长短结合 | 短期指标是什么，长期指标是什么，要兼顾 |
| 7 | 整体兼顾 | 不要只侧重于某一方面，内容太少可能无法反映工作的关键绩效水平，要全面评估 |
| 8 | 及时评估 | 进行跟踪监督、及时评估，目的不是评估好与坏，而是发现问题，进行沟通，帮助找到问题原因，并加以改进，及时纠偏，同步维护。然后继续跟踪监督，反馈改进后的执行情况 |

**张雷点醒**

为了给绩效指标的提取提供更多的思路和方法，绩效考核指标的设定不能局限于人力资源部，业务部门的经验可以发挥出很有实际价值的参考作用。

**（6）建立辅助保障体系。**

如何保证绩效管理顺利实施、绩效指标能有效达成？

在做绩效管理之前，首先要让团队达成共识，要让大家具备共同的理念。要搞好制度建设，要将制度设计得合理，如果制度不合理，不能推行，员工是不会认可的。

在进行绩效管理的过程中，要对员工进行持续的培训，宣传企业文化和经营理念、政策方针，让员工明白为什么这么做，强化他们的认同和信念，确保员工按照设定的目标做事。当员工和部门努力的方向与企业战略目标保持一致时，才可能提高企业的整体绩效。

然后要制订执行规范，并且严格遵守、自觉执行、相互监督、相互提醒，确保员工的行为不偏离规范。

最后，设定各种能调动员工积极性的激励措施。激励措施除了传统的方式，还可以创新，比如通过资本创新、商业模式创新，用未来的钱激励现在的员工。

## 3. 绩效指标的评估必须有根有据

**（1）模式经营管理的组织业绩评价。**

模式经营管理的组织业绩评价，要体现三个原则，即进步性、贡献性和灵活性。这三个原则，分别通过和三个参照对象的比较体现出来。进步性是指与自己比，贡献性是指与他人比，公平性是指投入与产出比。

三个比较各自的标准和方法如下。

与自己比——与去年比、与上个月比、与昨天比，要求每天都有进步。

与他人比——对公司整体贡献的占比要有所提升。

投入与产出比——单位时间的单位人工费要有所下降，单位资产投入回报要有所提升。

表9–2是销售部的业绩考评表，其他部门可以参考执行。

表9–2　　销售部业绩考评表

<table>
<tr><th colspan="2">评价项目</th><th>销售额</th><th>边际利润率</th><th>经营利益额</th><th>人/月劳动生产率</th><th>应收账款利息</th></tr>
<tr><td colspan="2">指标定义/计算方法</td><td></td><td></td><td></td><td></td><td></td></tr>
<tr><td colspan="2">评价目的</td><td>评价市场成长性</td><td>评价商品力、市场竞争力</td><td>评价对企业的整体贡献度</td><td>评价人员效率</td><td>评价应收账款效率</td></tr>
<tr><td colspan="2">考核周期</td><td></td><td></td><td></td><td></td><td></td></tr>
<tr><td rowspan="2">目标</td><td>当期</td><td></td><td></td><td></td><td></td><td></td></tr>
<tr><td>累计</td><td></td><td></td><td></td><td></td><td></td></tr>
<tr><td rowspan="2">实际</td><td>当期</td><td></td><td></td><td></td><td></td><td></td></tr>
<tr><td>累计</td><td></td><td></td><td></td><td></td><td></td></tr>
<tr><td rowspan="2">目标达成度</td><td>当期</td><td></td><td></td><td></td><td></td><td></td></tr>
<tr><td>累计</td><td></td><td></td><td></td><td></td><td></td></tr>
<tr><td colspan="2">评价</td><td></td><td></td><td></td><td></td><td></td></tr>
<tr><td colspan="2">方针遵守度</td><td>15%</td><td>25%</td><td>30%</td><td>20%</td><td>10%</td></tr>
<tr><td colspan="2">评价值</td><td></td><td></td><td></td><td></td><td></td></tr>
<tr><td rowspan="2">考核期间：<br>×年×月<br>至×月</td><td>考评人确认：<br>日期：</td><td colspan="3">特殊环境要因±分值：</td><td colspan="2">总评分：</td></tr>
<tr><td>被考评人确认：<br>日期：</td><td colspan="3">原因简述：</td><td colspan="2">综评M：</td></tr>
</table>

表9–2列出了相应的评价项目、指标定义，并解释了评价目的，这就为考评人和被考核部门指明了方向。考评人要从哪几个方面来监督部门的工作，部门应

该改善或提高的是哪几个方面，双方都一目了然。

评价的打分标准如表9–3所示。

表9–3 评价的打分标准

| 评价项目 | S（优）5 | A（良）4 | B（中）3 | C（可）2 | D（差）1 |
|---|---|---|---|---|---|
| 完成率 | 95%以上 | 85%～95% | 75%～84% | 65%～74% | 65%以下 |
| 评价分数（分） | 100 | 90 | 80 | 65 | 40 |

表9–3里的方针遵守度，主要是考核该部门的工作态度，即对企业战略和年度目标各方面的重视程度，分为成长重视度、均衡重视度和利益重视度。具体内容如表9–4所示。

表9–4 方针遵守度

| 项目＼内容 | 成长重视度 | 均衡重视度 | 利益重视度 |
|---|---|---|---|
| 销售额 | 65% | （ ） | 15% |
| 边际利润率 | 10% | （ ） | 40% |
| 经营利润 | 10% | （ ） | 30% |
| 人/月劳动生产率 | 10% | （ ） | 10% |
| 应收账款利息 | 5% | （ ） | 5% |

## （2）基于组织评价的个人评价。

对个人的绩效评价，是在组织评价的基础上做出的，如表9–5所示。

表9–5 基于组织评价的个人评价

| 个人评价＼组织评价 | S | A | B | C | D |
|---|---|---|---|---|---|
| S | 15% | 12.5% | 10% | 7.5% | 5% |
| A | 25% | 22.5% | 20% | 17.5% | 15% |
| B | 60% | 60% | 60% | 60% | 60% |
| C | 自定 | 5% | 10% | 12.5% | 15% |
| D | 自定 | 自定 | 自定 | 2.5% | 5% |

各个组织按各自的绩效被评定为S（优）、A（良）、B（中）、C（可）、D（差）五个等级，然后在每个组织内部，个人的业绩表现也被评定为相应的等级。也就是说，个人的评价不受组织评价的约束。

比如，一个员工所在的组织的等级是D，但只要这个员工自身努力，绩效完成情况非常好，他的等级完全可以被评为S。那么再根据绩效评价结果发放奖金的时候，他就能拿到最高额度的奖金。反之，如果一个员工所处的组织的等级是S，但这个员工自身不努力，个人绩效评价是D，那他就拿不到奖金，甚至会面临转岗或者被裁员。

个人绩效考核的评分依据如表9-6所示。

**表9-6　　个人绩效考核的评分依据**

| 考核分数 | F≥90分 | 90>F≥80分 | 80>F≥70分 | 70>F≥60分 | F<60分 |
|---|---|---|---|---|---|
| 考核等级 | S（优） | A（良） | B（中） | C（可，需改进） | D（差，急需改进） |
| 绩效系数 | 1.7 | 1.3 | 1 | 0.7 | 0.3 |

**张雷点醒**

绩效指标的评估要有会议，有沟通，有根有据，用表格评定。这样才能真正体现公正、公平，才有利于最大限度地激发员工的积极性。

## 4. 绩效考核结果的“二元制”系统

“二元制”系统是对个人业绩考核结果的激励机制。

对员工的考核不仅仅是对其工作业绩的考核，它包括三个部分。

理念考核——对企业战略和目标愿景的理解度、对企业文化的认同度、对计划执行的认可度等。

能力考核——实际的工作能力和表现。

业绩考核——执行结果。

结果有好有坏，要有相应的奖惩机制，用“正负激励机制”来称呼它更为适宜。

正激励分为物质激励和精神激励两个方面，也就是所谓的“二元制”系统。物质激励就是发奖金、涨工资，精神激励就是发荣誉证书、企业内部张榜通报等。

比如职位晋升是物质和精神上的双重激励。绩效考核的结果可作为升职（或降级）的标准。按照绩效考核的结果调整职级如表9–7所示。

**表9–7　按照绩效考核的结果调整职级**

<table>
<tr><th rowspan="2">调整方法</th><th colspan="3">考核类型</th></tr>
<tr><th>月考者</th><th>季考者</th><th>年终（平均分）<br>仅针对年内没有调档的人员</th></tr>
<tr><td>晋升2档</td><td>连续6次A</td><td>连续3次A</td><td>A</td></tr>
<tr><td>晋升1档</td><td>连续3次A</td><td>1次A，2次B以上</td><td>B</td></tr>
<tr><td>降1档</td><td>连续2次D以下</td><td>1次D以下</td><td>D</td></tr>
<tr><td>降2档</td><td>连续3次D以下</td><td>连续2次D以下</td><td>E</td></tr>
</table>

在模式经营管理中，除了上述所说，还有一些新型的市场化的激励手段，包括股权、教育基金、医疗保险等。

传统的发奖金、晋升等激励，属于中短期措施，新型的市场化的激励手段，则多是长期的激励措施。模式经营管理个人激励系统设计如表9–8所示。

**表9–8　模式经营管理个人激励系统设计**

<table>
<tr><th>时间<br>对象</th><th>长期</th><th>中期</th><th>短期</th></tr>
<tr><td>高层</td><td rowspan="3">股权、期权分红福利：车、房、子女教育、医疗、基金、教育培训</td><td rowspan="2">分红、绩效、晋升、奖励、日常福利、培训、自有福利</td><td>日常福利</td></tr>
<tr><td>中层</td><td rowspan="2">提成、日常福利、即时激励</td></tr>
<tr><td>基层</td><td>奖金池</td></tr>
</table>

对于不同层级的员工，这些激励措施的主次也不一样。对于基层员工，激励措施以短期为主、中期为辅；对于中层员工，激励措施以中期为主、长期为辅；对于高层管理者，激励措施则以中长期为主、短期为辅。

工作态度好的人，是公司重点培养的对象；工作能力强的人，可以给他加工资；业绩好的人，可以根据考核激励制度发放奖金。

## 5. 开启零基薪酬绩效模式，走出管理误区

**（1）绩效管理的误区1：搞绩效管理就是扣钱。**

绩效奖金是和员工考核结果挂钩的。在传统做法中，约定员工工资中有一部分为绩效工资，这部分工资与个人的绩效考核结果相连，或通过考核系数法，或按照分数的百分比，产生关联。

这种方法还有一个变体，就是从员工个人的总工资里拿出一部分，企业按一定的比例从利润中拿出一部分，两者合成绩效工资，再和个人考核发生关联。

不少企业都是这样做的，但是这样做的实际效果如何？

或许，有的员工会有不同的想法——这个绩效工资，我做得好才能有，没有达到目标，就没有，这等于把我的总工资扣掉了一部分，所以还不如不要你多给我的部分，只拿该拿的工资。

或许，有的员工会产生抵触情绪——原来说不管怎么着，我能拿5000元，现在你给我发4500元，绩效工资又给我多设置500元，看上去我能拿5500元，但要是我没完成任务，就只能拿4500元了，这就是变相扣钱嘛。

员工一旦出现这种想法，就很难再有配合工作的积极性了，企业一搞绩效考核，就会给他们带来压力，难免怨声载道。

### （2）绩效管理的误区2：考核尺度莫衷一是。

有时候会存在这种情况：不同分管领导对考核的尺度掌握不一样，评定的分数也不够客观，员工会觉得考核的结果不公平。

部门内部要打分，部门之间也有打分，打分者和被打分者之间的关系就变得微妙起来，大家整天都不工作了，天天琢磨这件事。结果就是大家都倾向于站在各自的角度思考问题，对公司利益和整体目标缺乏共同的关注，每个被考核者都可能为了自己的考核分数斤斤计较。

### （3）如何走出绩效管理的误区？

要知道，员工拿到绩效的前提是企业利益最大化，部门拿到绩效的前提也是企业利益最大化，所以员工的奖金完全可以以部门绩效奖金为来源。比如企业从成交额中拿出2%或3%给销售部门，作为销售部门的绩效，只要员工完成绩效目标，就能分这笔奖金。

还可以利用一个加法原理的系统。传统绩效考核从考核表设计到绩效工资的核算，都趋向于做减法，一些员工认为绩效管理就是扣分、扣钱。现在换一种思路，做加法，每完成一项就得相应的分数，分值越多越好。可按照下面这个公式计算，“个人实际可得额度=部门和分配组合/个人预算额×个人评级系数×个人预算额×个人绩效评估值”。

最后的撒手锏是采取彻底颠覆传统思维的零基薪酬绩效模式。所谓零基薪酬绩效模式，就是先从理论上将员工的职责与价值按关键因子的法则尽心提炼考核，根据员工的薪酬标准，按照权重进行关联。促使员工尽职尽责，因为自己的收入由自己创造的绩效来决定。

这种模式有两个特点。一是把员工所有的薪酬先给员工，之后员工每多拿一分钱，都是靠绩效得到的。二是将员工的价值进行划分和细分，将价值分类定价，员工创造多少价值，获取相应程度的回报，真正实现多劳多得。

例如，一个月薪3000元的员工，按零基薪酬绩效模式计算，他可能只应该拿到2700元，但企业仍然给他发3000元的工资。这时候，员工的心态可能就变了，员工会主动多创造一些价值出来，让自己的表现能够达到拿3000元的要求。

这个模式还能有效解决员工什么时候加薪的问题。如果员工创造的绩效连续三个月都超过保底标准，就能加薪，这也体现了多劳多得。

原来干多干少一个样，你拿3000元，我也拿3000元，大家没有区别，现在就不一样了，干得多，干得好的人，很快就“升级”了。

**张雷点醒**

零基薪酬绩效模式将薪酬和绩效管理合而为一，简化了管理界面，提高了管理效率，提倡创造多少价值拿多少钱，改变了绩效就是扣钱的负面形象。

## 6. 利用人事制度，提升员工的积极性

人力资源的目标就是把人力变成资源，对一个员工付出工资，就要追求投资回报率。要实现这个目标，就要对人事制度进行合理设置，以求最大限度地提升员工的积极性。模式经营管理人事制度的设计逻辑就是：人事考核、薪酬、培训等制度，都和员工的等级资格挂钩。人事制度通常可以分为对岗激励体系和对人激励体系。

**（1）对岗激励体系。**

这是以岗位等级为基础的激励体系。评价标准实际上就是岗位的任职要求，侧重点是对岗对人。

操作要点、结果都要对员工予以公开，以示公平。

对岗激励适用于业务模式固定、岗位职责清晰，实施严格的制度化管理，强调一人一岗的企业。

**（2）对人激励体系。**

这是以个人价值为基础的激励体系，强调员工的自身价值。侧重点是既对人也对岗。员工的岗位职务不直接反映他的福利津贴，也就是同工不同酬。所有的福利、所有的制度，都和每个员工各自的等级、能力直接挂钩，也就是多劳多得。

与对岗激励完全不同，对人激励的操作要点、结果要严加保密，以免引起员工的相互攀比和内讧。

对人激励适用于业务模式不稳定、岗位职责变动较大，鼓励个人价值的充分发挥，提倡一人多岗多职的企业。

不管是对岗激励，还是对人激励，都要有合理的绩效工资奖金核算理念与技巧。绩效管理和员工的收入直接挂钩，如果设计不好，就会让绩效管理无法进行。很多企业推行绩效管理不成功的关键原因之一，也在于此。关于薪酬的设定，后面会专门讲到。

**张雷点醒**

切记，当采取用钱激励的手段时，一定要让员工明确知道这笔钱是怎么来的，不能只知道奖励，不顾及利润；要让员工明白，他的薪酬跟他的贡献一定是成正比的。这是人力资源部门责任和价值的体现，也是企业绩效管理激励体制成败的关键。

## 7. 薪资水平与个人价值的挂钩：宽带薪酬制度

人事制度包括很多方面，下面主要介绍激励作用极明显的薪酬制度。

绩效激励，最直观、最主要的就是薪酬，它具有以下功能。

原始功能：也就是基本功能，是企业得以运营、人力资源产生效率的最主要原因。

保障功能：让员工安心，保证员工的基本需求得到满足。

激励功能：老板可能会觉得员工好好干，自己不会亏待员工。但是员工的实际想法是什么？员工往往想的是拿多少钱干多少活。两者的想法其实都没错，这是立场的区别，也是薪酬激励要解决的问题。

### （1）宽带薪酬制度。

表9-9、表9-10是模式经营管理岗位级别薪酬等级表，也叫宽带薪酬，是现在流行的薪酬制度。

表9-9　　模式经营管理岗位级别薪酬等级表（系数）

| 薪酬级别 | 1 | 2 | 3 | 4 | 5 | 6 | 7 | 8 |
|---|---|---|---|---|---|---|---|---|
| 1档 | 10 | 5 | 4 | 3 | 2.5 | 1.75 | 1.2 | 1 |
| 2档 | 11.25 | 5.95 | 4.75 | 3.35 | 2.74 | 1.96 | 1.35 | 1.1 |
| 3档 | 12.5 | 6.9 | 5.5 | 3.7 | 2.98 | 2.17 | 1.5 | 1.2 |
| 4档 | 13.75 | 7.85 | 6.25 | 4.05 | 3.22 | 2.38 | 1.65 | 1.3 |
| 5档 | 15 | 8.8 | 7 | 4.4 | 3.46 | 2.59 | 1.8 | 1.4 |
| 6档 | 16.25 | 9.75 | 7.75 | 4.75 | 3.7 | 2.8 | 1.95 | 1.5 |
| 7档 | 18 | 10.8 | 8.9 | 5.3 | 3.96 | 3.04 | 2.16 | 1.65 |
| 8档 | 19.75 | 11.85 | 10.06 | 5.85 | 4.22 | 3.28 | 2.37 | 1.8 |

续表

| 薪酬级别 | 1 | 2 | 3 | 4 | 5 | 6 | 7 | 8 |
|---|---|---|---|---|---|---|---|---|
| 9档 | 21.5 | 12.9 | 11.2 | 6.4 | 4.48 | 3.52 | 2.58 | 1.95 |
| 10档 | 23.25 | 13.95 | 12.35 | 6.95 | 4.74 | 3.76 | 2.79 | 2.1 |
| 11档 | 25 | 15 | 12.5 | 7.5 | 5 | 4 | 3 | 2.25 |

表9–10 模式经营管理岗位级别薪酬等级表（金额） 单位：元

| 薪酬级别 | 1 | 2 | 3 | 4 | 5 | 6 | 7 | 8 |
|---|---|---|---|---|---|---|---|---|
| 1档 | 20000 | 10000 | 8000 | 6000 | 5000 | 3500 | 2400 | 2000 |
| 2档 | 22500 | 11900 | 9500 | 6700 | 5480 | 3920 | 2700 | 2200 |
| 3档 | 25000 | 13800 | 11000 | 7400 | 5960 | 4340 | 3000 | 2400 |
| 4档 | 27500 | 15700 | 12500 | 8100 | 6440 | 4760 | 3300 | 2600 |
| 5档 | 30000 | 17600 | 14000 | 8800 | 6920 | 5180 | 3600 | 2800 |
| 6档 | 32500 | 19500 | 15500 | 9500 | 7400 | 5600 | 3900 | 3000 |
| 7档 | 36000 | 21600 | 17800 | 10600 | 7920 | 6080 | 4320 | 3300 |
| 8档 | 39500 | 23700 | 20100 | 11700 | 8400 | 6560 | 4740 | 3600 |
| 9档 | 43000 | 25800 | 22400 | 12800 | 8960 | 7040 | 5160 | 3900 |
| 10档 | 46500 | 27900 | 24700 | 13900 | 9480 | 7520 | 5580 | 4200 |
| 11档 | 50000 | 30000 | 25000 | 15000 | 10000 | 8000 | 6000 | 4500 |
| 工资分布 | 20000～50000 | 10000～30000 | 8000～25000 | 6000～15000 | 5000～10000 | 3500～8000 | 2400～6000 | 2000～4500 |

表中一共分了8级11档，表9–9是系数（宽带薪酬的岗位标准系数），表9–10是对应的金额（岗位平均月薪标准，不含提成与奖金）。表9–9的系数乘以2000，就得到表9–10的金额。那么，在薪酬设计的时候，就可以以2000为基数，通过考核，得出每个员工的相应系数，最终算出这个员工的实际工资。

比如同样是总监，后勤部总监和销售部总监，他们的部门不一样，各自的岗位价值肯定也不一样，如果都给他们同样的总监级别工资，就会有失公平。

那么企业可以规定，总监都是第1级，销售总监属于第11档，后勤总监属于第6档，这样就既灵活又公平了。

**（2）两种常用的薪酬结构**。

第一种，加法结构。

“薪酬=底薪+岗位津贴+补贴+绩效工资（月/季/年）+年终奖+提成+专项奖励+福利。”加法式薪酬结构如表9-11所示。

表9-11　加法式薪酬结构

<table>
<tr><th colspan="2">岗位层级</th><th>考核周期</th><th>绩效奖挂钩比例</th><th>各层级年终奖总额</th><th>个人年终奖计算公式</th></tr>
<tr><td rowspan="2">领导班子</td><td>1级</td><td>季度</td><td>50%</td><td rowspan="2">领导班子年终奖总额=年终奖金池总额×30%（与岗位的绩效考核系数挂钩）</td><td rowspan="4">■个人年度奖金=（当年奖金总额）/[Σ（个人岗位价值系数×个人岗位年度绩效系数）总和]×（个人岗位价值系数×个人岗位年度绩效系数）<br>■个人岗位价值系数=个人基本工资总额/群体平均基本工资总额<br>■年终奖绩效考核系数以当年的绩效平均为基准计算</td></tr>
<tr><td>2～3级</td><td>月度</td><td>40%</td></tr>
<tr><td colspan="2">4～6级<br>中层管理</td><td>月度</td><td>30%</td><td rowspan="2">中层管理及其他人员年终奖总额=年终奖金池总额×70%（与岗位的绩效考核系数挂钩）</td></tr>
<tr><td colspan="2">7～8级<br>基层员工</td><td>月度</td><td>20%</td></tr>
</table>

考核周期以岗位级别为依据，1级按季度考核，其余各级都按月度考核。级别越高，绩效奖挂钩比例越高，级别越低，绩效奖挂钩比例越低。也就是说，对于基层员工，他的固定工资会多一些，绩效占比少一些，这样也有利于调动基层员工的积极性。

第二种，乘法结构。

薪酬由基本工资和绩效工资两部分组成，绩效工资直接和考核系数挂钩。

乘法式薪酬结构如表9-12所示，比如某公司基层管理岗位月薪标准6000元，固定支付的是其中的80%，即4800元，剩下1200元作为绩效工资的基数。绩效考核按月度进行，得出的考核系数乘以1200元，就知道当月绩效工资是多少了。

但前面说过了，这个方法可能反而不利于激发员工的积极性。因为如果完不成任务，员工可能觉得自己连岗位标准工资都拿不到。

表9-12 乘法式薪酬结构

<table>
<tr><th rowspan="2">基层管理月薪标准（元）</th><th rowspan="2">80%月固定工资（元）</th><th colspan="3">20%的工资与月度绩效考系数挂钩</th><th rowspan="2">实发月均工资总额（元）</th></tr>
<tr><th></th><th>月度岗位绩效系数</th><th>月度绩效工资实发金额（元）</th></tr>
<tr><td rowspan="5">6000</td><td rowspan="5">4800</td><td rowspan="5">1200×绩效系数（可能高于或低于1.0）</td><td>1.7</td><td>2040</td><td>6840</td></tr>
<tr><td>1.3</td><td>1560</td><td>6360</td></tr>
<tr><td>1.0</td><td>1200</td><td>6000</td></tr>
<tr><td>0.7</td><td>840</td><td>5640</td></tr>
<tr><td>0.3</td><td>360</td><td>5160</td></tr>
</table>

## 8. 把明确的钱送给正确的人：奖金与年终奖

钱在任何时候都有激励效果，但是数量很关键，问题之一在于用多少钱才能激励员工，激励的效果如何；问题之二在于会不会让员工的胃口越来越大，比如今年给他发一万元的年终奖，明年发9900元，他就不开心了，但他不知道，去年企业的利润是5000万元，今年的利润是1000万元。

因此，作为物质激励的重头戏——奖金与年终奖，它们的发放要讲究科学的计算方法。

**（1）奖金总额的设定。**

模世能奖金总额设定方法如表9-13所示。

表9-13 模世能奖金总额设定方法

| | 利润额（X万元税前） | 奖金提成比例 | 公司年终奖金最低金额（万元） |
|---|---|---|---|
| 低于门槛值 | ＜500万元 | 0 | =0 |
| 门槛值 | ≥500万元，＜700万元 | 10% | =（X−500）×10% |

续表

| | 利润额（X万元税前） | 奖金提成比例 | 公司年终奖金最低金额（万元） |
|---|---|---|---|
| 期望值 | ≥700万元，<900万元 | 超门槛值提12% | =（700−500）×10%+（X−700）×12% |
| 挑战值 | ≥900万元 | 超门槛值提15% | =（700−500）×10%+（X−700）×12%+（X−900）×15% |

假定以500万元作为年度的盈亏平衡点，如果盈利没有达到500万元，就没有奖金。完成了500万元的盈利，才以500万元为基数，计算奖金总额。如果盈利超过500万元，那就拿出10%作为奖金总额；如果盈利超过700万元，那超过500万元的部分要拿出12%，加入奖金总额；如果盈利超过900万元，超额部分要拿出15%加入奖金总额。

这里需要注意的是，年度绩效考核等级为D和E的人员，以及入职不足6个月的人员，通常不参与年终奖的分配；年终奖按工作月份计算，比如某员工的入职时间为7个月，那么他的年度奖金系数需要再乘以7/12。

**（2）奖金提取原则**。

企业奖金提取的原则是鼓励。比如某公司规定，公司以共同创造利润的10%作为整体利益分享，超过去年利润部分的，再按表9−14的比例提取超额利润作为奖金。

表9−14　　企业奖金提取比例

| 超额比例 | ≤20% | >20%，≤50% | >50%，≤80% | >80% |
|---|---|---|---|---|
| 超额分红提取比例 | 10% | 20% | 30% | 50% |

比如，利润与去年相比，超额在20%以内，那么超出的这一部分，要拿出10%作为奖金；利润与去年相比，超额20%～50%的，超出部分要拿出20%作为奖金；以此类推。如果企业今年的利润比去年超出了40%，那就是20%的超额部分提取10%作为奖金，20%的超额部分提取20%作为奖金。

（3）**年终奖的计算**。

比如某企业的利润是100万元，按年初的预算，应该拿出30万元作为领导层的奖金总额。领导班子一共有8个人，应该怎么分配？按绩效考核计算年终奖如表9–15所示。

表9–15 按绩效考核计算年终奖

| 序号 | 姓名 | 应发薪酬（元） | 岗位等级 | 个人工资占平均工资的比值 | 绩效系数 | 年终奖计算系数 | 年终奖金（元） |
|---|---|---|---|---|---|---|---|
| 1 | A | 10000 | 1 | 0.85 | 1 | 0.85 | 32988 |
| 2 | B | 20000 | 2 | 1.70 | 1.7 | 2.89 | 112160 |
| 3 | C | 20000 | 2 | 1.70 | 1.3 | 2.21 | 85770 |
| 4 | D | 14000 | 2 | 1.19 | D级 | 0.00 | 0 |
| 5 | E | 7000 | 3 | 0.60 | 1.3 | 0.78 | 30272 |
| 6 | F | 9000 | 3 | 0.77 | 1.3 | 1.00 | 38810 |
| 7 | G | 8000 | 3 | 0.68 | D级 | 0.00 | 0 |
| 8 | H | 60000 | 3 | 0.51 | 未足半年 | 0.00 | 0 |

每个管理人员都有相应的岗位等级，这个等级规定了个人工资占平均工资的比值，比如A，他的岗位等级是1，这个等级的个人工资占平均工资的比值是0.85；通过考核，他的绩效系数是1，因此，他的年终奖计算系数就是0.85（个人工资占平均工资的比值×绩效系数）。

由于并不是全部的人都能参与年终奖的分配，所以不能直接用年终奖计算系数乘以年终奖金总额，要先用年终奖金总额除以计算得出的年终奖计算总系数，然后再乘以A的年终奖系数，就能得出他能拿多少年终奖了。

## 阅读思考

（1）绩效管理和绩效考核有什么不同？绩效管理的意义和目的是什么？

（2）设定岗位职责时要注意什么？

（3）绩效管理要注意哪些误区？

（4）加法式薪酬结构和乘法式薪酬结构各有什么特点？

（5）设计符合自己企业的绩效管理和激励制度。

# 10

## 第十章

# 在健康循环中强化“体质”

# ——分析改善

※ 前面做了那么多建设与规划工作，是不是就万无一失，可以高枕无忧了？并不是。在运行的过程当中，大量的变数会导致这样或者那样的问题，需要我们及时且不断地进行有针对性的提升和改善。

## 1. 经营管理模式驱动企业发展逻辑

经营管理模式驱动企业发展的逻辑，有基础、原则、核心、结果四点，如图10-1所示。

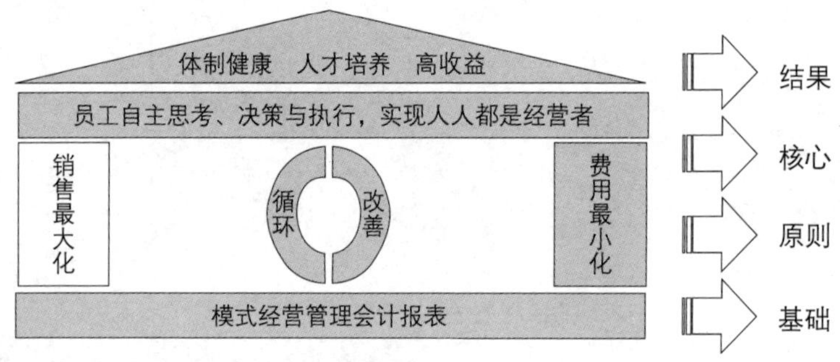


图10-1 经营管理模式驱动企业发展的逻辑

**（1）基础。**

以模式经营管理会计报表为基础——数据是依据。

在模世能，有一个说法叫“三每三对照”。“三每”是每人、每天、每件事，“三对照”是每人对照目标、每天对照过程、每件事对照结果，也就是模式经营管理会计一一对应原则的延伸。

**（2）原则。**

以销量最大化和费用最小化为原则。

如何实现高利润？就是要做到销量最大化，费用最小化。销量最大化和费用最小化就像天平的两端，完全做到一个，就比较难实现另一个，所以，要不断地分析，不断地改善，既要想办法分别实现，又要兼顾平衡。

怎么做到销量最大化？激活组织模式，分部门、商品核算，让人人成为经营者，是销量最大化的根本助推力。以下这些思路都可以让企业的销售业绩提升几个点：

· 梳理商品品类，优化产品品质。

· 提升品牌形象，增加附加价值。

· 聚焦优势渠道，提升营销能力。

· 优化商品定价，避开竞争红海。

· 培育全新市场，提供增值服务。

· 研究个性需求，持续引领市场。

模式经营管理销量最大化可以分三个维度来思考，一是商品力，二是业态，三是顾客。

商品力，主要包括产品的品类、品牌、品质、服务等。具体指把“合适的商品”在“合适的地点”用“合适的方式”在“合适的时间”以“合适的价格”“合适的数量”销售给“合适的顾客”的能力。用公式表示为：商品力=买家需求（转化率）+高性价比（让利）的商品。

简单地说，商品力就是商品所表现出来的一个综合能力。在这个概念里，有两点十分重要：一是转化率，就是能不能把访客变成买家；二是性价比，性价比高的商品就能通过一些让利活动提升交易额。

业态，和市场有关，主要是渠道、战略选择、管理升级等。萧桂森在《连锁经营理论与实践》一书中，给业态下了定义：按照一定的战略目标，针对特定消费者的特定需求，有选择地运用店铺位置、店铺规模、店铺形态、商品经营结构、价格政策、销售方式、销售服务等经营手段，提供销售和服务的类型化服务形态。通俗地讲，业态其实就是指店铺卖什么、卖给谁和如何卖的具体经营形式。

顾客，主要是对消费者的细分、培养消费者忠诚度等。社会在飞速发展，竞争越来越激烈，在残酷的竞争中，谁拥有了客户，谁就能赢得市场，就能赢得利润。所以说，拥有稳定的客户群已经成为企业最重要的资源。

费用最小化的思路如下。

· 提高固定费用的生产性。

· 改善变动费用的提案。

· 锚定人/月劳动生产率。

· 系统设计内部市场化。

模式经营管理有一个“拧毛巾”理论。

几个孩子比赛拧毛巾，谁先把湿毛巾中的水拧干，谁就获胜。当几个孩子谁也拧不出水时，旁边的一位健壮男青年说：“我试试。”果然又拧出许多水。当男青年觉得已经把毛巾彻底拧干了时，走出一个干瘦的老头，他拿过毛巾使劲一拧，水又滴滴答答地下来了，大家夸赞老人有神力，老人却笑眯眯地说：“我做了三十多年的老板了。”

这个幽默小故事给企业经营管理者的启示是：拧毛巾、降成本、减浪费、提效益，做企业节约无止境，浪费无利润，“干毛巾也要拧出三滴水”。“拧毛巾”理论是许多企业竞争的法宝。

### （3）核心。

培养人才是核心，培养了有用的人才，你就会发现，不管你有多大的事业，不管你要拓展哪个市场，都能干起来。一个老板最可悲的就是没有可用之才。所以，一定要有培养人才的机制，要以员工自主思考、决策与执行，实现人人都是经营者为核心。

高效的员工管理机制就是让每个员工在管理好自己的同时，还能从经营者的角度考虑问题，自主思考，把企业的事情当成自己的事情，并主动去做、去思考，充分发挥积极性。企业中的每一份工作都和每个人有着紧密的联系。要让工作有效率，就要保证让相关的人都参与进来，在管理好自己的前提下，帮助其他人纠正工作中出现的问题，引导企业走向光明的未来。

### （4）结果。

以体制健康、人才培养、高收益为结果。

## 2. 建立模式经营管理的PDCA循环

模式经营管理业绩分析与循环改善如图10-2所示，它的两个关键点就是销售额最大化和费用最小化，采用PDCA的循环模式（计划—执行—检查—处理），不断分析，不断改善，找到实现这两点的最佳方法，让模式经营管理发挥最佳功效。

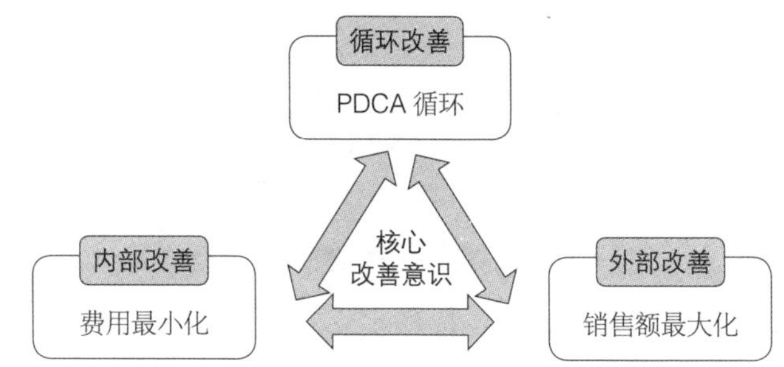


图10-2 模式经营管理业绩分析与循环改善

PDCA即英语单词Plan（计划）、Do（执行）、Check（检查）和Action（处理）的第一个字母的组合，PDCA循环就是“计划（Plan）—执行（Do）—检查（Check）—处理（Action）”四个步骤的循环，如图10-3所示。

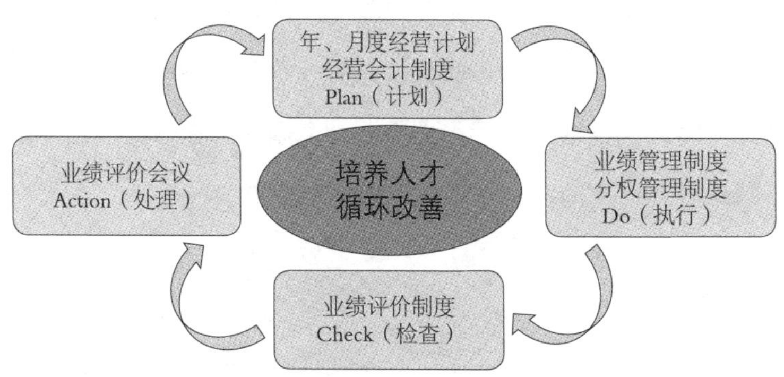


图10-3 模式经营管理的PDCA循环

**（1）计划（Plan）**。

它包括方针和目标的确定，以及活动规划的设定。通过市场调研、用户采访等，摸清用户对产品质量的要求，以此确定质量目标、质量计划和质量政策等。例如现状调查、分析，确定要因，制订计划等。

**（2）执行（Do）**。

根据已获得的信息，设计出具体的方法、方案以及计划布局；然后根据设计和布局，进行具体运作，落实计划中的内容。如根据质量标准进行产品设计、试制、试验及计划执行前的人员培训。

**（3）检查（Check）**。

在执行计划的结果中，进行具体分析，找出对与错，明确效果，分析问题，找出答案。换句话说，就是在计划执行过程之中或执行之后，检查执行过程，分析执行情况，判断是否符合计划的预期效果。

**（4）处理（Action）**。

总结处理检查的结果，既要肯定成功的经验，并予以标准化，又要对于失败的教训进行总结。碰到没有解决的问题，就提交到下一个PDCA循环中去解决。

综上所述，在四个步骤中，首先分解年度经营目标，制订部门计划，然后各部门执行，在执行的过程中，同步监督、评价，找到漏洞和不足并加以弥补，同时修正计划，及时纠偏，继续执行，进入下一个循环。在一次次循环中，企业的经营效果不断提升，员工的经营管理意识也不断增强。

## 3. 模式经营管理业绩改善的步骤

（1）**对上个月的业绩进行总结**。

在对上个月的业绩进行总结时，成绩和缺点是总结的主要内容。那么，成绩有哪些，表现在哪些方面，是怎样取得的；缺点有哪些，是怎样产生的，表现在哪些方面，都应写清楚。

（2）**对组织进行评价**。

对组织进行评价，主要是通过一些指标的设定对组织进行量化评价。当存在多项业务时，组织各项业务的分工结构及组织资源的配比情况就成了考核的对象。具体到单项业务，应从业务流程切入，审核组织部门的设置是否重叠，是否足以覆盖该业务流程。

（3）**分析差异**。

绩效实施的效果究竟如何，差距在哪里以及造成差距的原因是什么？这些问题弄不清楚，就无法设计绩效改进的方法。

（4）**整理课题**。

将资料按一定的规律和特点，进行科学分类，做必要处理，使之条理清晰，方便日后准确迅速地找到并分析，从中发现现象的本质和规律，得出结论。

**（5）制订下个月的计划**。

月度计划不仅在年计划与周计划间有承上启下的重要作用，也在长期目标战略规划与短期具体实施战术间起着协调作用。

在完成前面四个步骤的条件下，避免设立过高或过低的目标，设定可实现的目标，通俗地说就是：设立一个跳起来可以摸得到的目标。

如此循环，不断改进、优化。

## 4. 全面成本下降的经营时代

模式经营管理业绩改善的最终目的，就是要引领企业进入全面成本下降的经营时代（TCD）。

在现代成本管理中，重要的目的之一就是尽可能少支出成本，在获得尽可能多的使用价值的条件下，为赚取更多利润提供尽可能好的基础，从而提高成本效益。

当前，市场竞争异常激烈，经济环境不断地发生剧变，在这种情形下，对于一个企业来说，成本优势就成了其生存的重要保证，企业应做到以下几点。

首先，密切关注整个市场和竞争对手的动向，从中发现问题，及时调整和改变自己的战略战术。

其次，加强战略成本管理，在产品开发、设计阶段，企业应加大科技投入。

最后，为了避免不必要的生产环节，达到成本控制的目的，企业可以通过重组生产流程来对产品全生命周期成本进行管理，实现成本持续降低。

表10-1是某企业部门计划完成情况表，表10-2是某企业TCD改善提案表，可供参考。

**表10-1　　某企业部门计划完成情况表**

| 项目 | | | 本季度计划 | | 本季度实际完成 | | 实际比计划 |
|---|---|---|---|---|---|---|---|
| | | | 计划 | 销售额占比 | 实际 | 销售额占比 | |
| 销售额（元） | 销售收入合计 | | 50088765 | — | 57402587 | — | 7313822 |
| | 销售赠品 | | 3304203 | 7.06% | 3829454 | 7.15% | 0.09% |
| | 销售净额 | | 46784562 | — | 53573133 | — | 6788572 |
| 变动费用（元） | 1 | 销售成本 | 26838564 | 57.37% | 33676070 | 62.86% | 5.49% |
| | | 小计 | 26838564 | 57.37% | 33676070 | 62.86% | 5.49% |
| | 2 | 产品运输费 | 2646469 | 5.66% | 3425287 | 6.39% | 0.73% |
| | | 业务差旅费 | 871801 | 1.86% | 869819 | 1.62% | -0.24% |
| | | 业务招待费 | 109126 | 0.23% | 100874 | 0.19% | -0.04% |
| | | 市场退消费 | 131820 | 0.28% | 149969 | 0.28% | -0.00% |
| | | 生产水电油费 | 1574602 | 3.37% | 1363573 | 2.55% | -0.82% |
| | | 生产内部搬运费 | 209194 | 0.45% | 174093 | 0.32% | -0.13% |
| | | 小计 | 5543012 | 11.85% | 6083615 | 11.36% | -0.49% |
| | 3 | 应收款利息 | 0 | 0.00% | 4554 | 0.01% | 0.01% |
| | | 小计 | 0 | 0.00% | 4554 | 0.01% | 0.01% |
| | 变动费合计 | | 32381576 | 69.22% | 39764239 | 74.22% | 5.01% |
| 边际利益（元） | | | 14402985 | 30.79% | 13808894 | 25.78% | -5.01% |

**表10-2　　某企业TCD改善提案表**

| 提案人 | 赵×× | 部门 | 生产经营部 | 岗位 | 副部长 |
|---|---|---|---|---|---|
| 提案时间 | 2019年4月20日 | 执行期 | 2019年11月至12月 | | |
| 课题名称 | 二蜡厂三四号包装线码垛机改造 | | | | |
| 现象定性定量描述 | | 改善计划 | | 执行要点 | |
| 目前二蜡厂三四号包装线在用的码垛机器人，具有以下缺点：<br>1.故障率较高，据今年统计，平均每月至少有24小时用于停机维修，石蜡成型每小时10吨，每吨加工费400元，造成直接损失4000元/小时，合计每年少创造产值115.2万元 | | 建议更换成推包夹紧式码垛机，可以解决机器人码垛松散的问题，减少人工费用和维修费用，提高石蜡成型的产值 | | 1.机动部门需要做好前期的考察和设备的模拟测试，选择合适的设备<br>2.联系设计单位，做好电控系统和包装线的设计改造<br>3.解决包装线上下层交汇的技术难题 | |

续表

| 现象定性定量描述 | 改善计划 | 执行要点 |
| --- | --- | --- |
| 2.异常故障的维修成本约1.5万元<br>3.因机器人自身缺陷，需要5个班次10人看护操作，按照7.5万元/人的年人工费，一年需要多付出人工费75万元<br>4.叉车操作码垛系统的空间较小，极限操作导致叉车故障率升高。每年增加维修费1万元<br>5.使用机器人码垛存在码垛间隙，易发生倒垛，造成纸箱损坏，需重新包装。合计每年需多花费77.5万元 | | 4.组织操作人员和技术人员培训 |
| **资源请求** | **投入成本** | **预期效果** |
| 1.机动、技术、生产、采购部门和蜡厂应相互配合，使设备尽快到位<br>2.人事教育部组织人员培训<br>3.设备厂商售后技术支持 | 1.前期考察、差旅费用2万元<br>2.包装线设计改造和施工费7万元<br>3.码垛机购置费用80万元<br>4.培训费用1万元<br>5.合计投入90万元 | 1.设备投用后，故障停机率大大降低，每年节省设备维修费用2.5万元，节省人工成本75万元，合计节省费用77.5万元<br>2.石蜡成型每年可多创造利润30万元<br>3.解决了码垛空隙大容易发生倒垛造成的纸箱产品损伤问题 |

## 阅读思考

（1）如何实现销售最大化，费用最小化？

（2）你的企业在模式经营管理分析改善方面有哪些可以做的？

# 11 第十一章

## 思想和工具的强强联手
## ——落地保障

※ 模式经营管理的成功与否，既取决于是否付出了实际努力，也取决于是否有强大思维力量的支撑。我们必须借助强化后的观念、意志，再依靠科学的管理系统，坚定不移地做好企业文化的培养、组织结构的搭建、商业模式的建设、规划措施的执行。

## 1. 模式经营管理的成功方程式

模式经营管理落地的难点在于改变人心。在改善经营管理的过程中，不管是战略、目标、计划，还是产品、服务、市场策略等，其改变都是可以做到的，最难改的是人心、人的思想。要想做好模式经营管理，必须先统一思想，真正让企业的每个人认同这一管理理念。

人生的成功，取决于三个方面：正确的思维方式、热情、能力（见图11–1）。

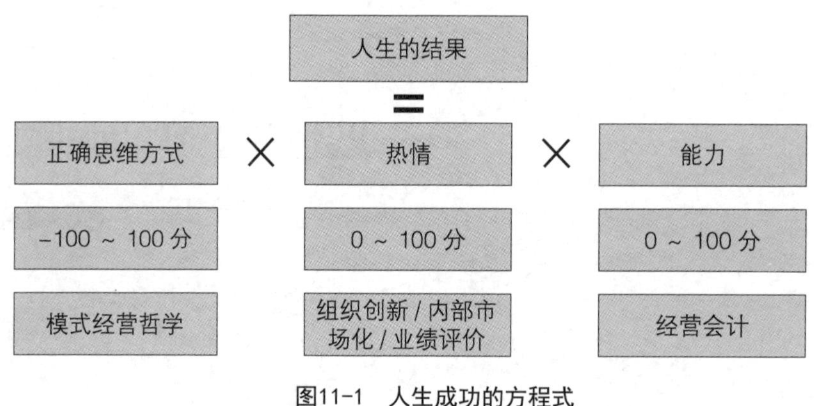


图11–1 人生成功的方程式

**（1）正确的思维方式就是要摸透模式经营哲学的内涵。**

只有搞清楚了模式经营哲学的内涵，你才能知道，在企业的经营活动中应该持有什么样的信念、价值观和行为准则，才能够明确企业愿景、使命，才能够正确地为企业定位，才能够制订出企业的各项战略目标。

要想成功推行模式经营管理，就要尊重客观事实，循序渐进。心急吃不了热豆腐，急功近利往往导致虎头蛇尾，必须懂得自上而下、由大到小、从粗到细、从整体到局部地推行模式经营管理，先在重点单位试点成功，然后全面推广。

同时，要注意协调整体与局部，要有全局观念，以集体利益为出发点，对企业的整体利益负责，必要时甚至可以牺牲一点部门的小利益。

“合作大于竞争”也是需要认识到的。模式经营管理强调把企业内部划分为独立的单元，单独核算，自负盈亏。但一定要搞清楚，各单元之间绝对不是完全割裂的，分是表象，合才是目的。

**（2）热情可以用组织创新、内部市场化来激发，同时用业绩评价来检验。**

也就是说，模式经营管理通过组织创新和内部市场化，让全体员工直接与市场对接，企业内部各个部门和单位独立核算，自负盈亏，不仅会增强全体员工的责任心，更主要的是可以极大地激发全体员工的工作热情，他们会竭尽所能，为企业创造更多的收益。而员工有没有热情、热情度的高低，则是通过企业的业绩评价系统来评估的。

**（3）能力可以通过经营会计来评估。**

模式经营管理的目的，就是人人实现价值最大化。而每个员工的能力，则是通过企业会计核算来评估的。通过会计核算，你是为公司赚钱还是让公司赔钱、你为公司赚多少钱、你给公司造成了多少损失、你花了多少钱等，都可以一目了然。那么，你有没有能力，你能力是大还是小，也体现在这些数据里面了。用数据说话，无可争辩。

**张雷点醒**

很多人以为一个企业的成功，是因为它有先进的技术，而且抓住了机会，但我认为绝非如此。我认为很多企业之所以成功，是因为这些企业执行的理论，能够让企业的每个人都积极参与，人人都有工作的热情和激情。

## 2. 企业老板的学习任务

大多数民营企业的老板，以前可能都忙于“做生意”，而没有跳出来，看一看怎么样“做企业”。其实做企业也有做企业的“套路”，企业老板要想把企业做大、做强，尤其是做好模式经营管理的顶层设计，就一定要走进课堂，一定要学会学习，一定要提高学习的能力。那么，怎么学习、学习什么呢?

**（1）学习企业战略规划**。

很多中小企业老板总是在企业发展的过程中才确定自己的发展方向，就是因为企业老板对战略规划的认知度较低，对企业的长远发展缺乏思考，不知道设计战略规划对企业的重要性，不知道该如何设计自己的战略规划，以致自己的企业总是长不快、长不大。

因此，不管你的企业多大多小，你一定要学习战略规划，学会为自己的企业设计战略规划。

**（2）学习商业模式设计**。

就是要学会根据自身的优势、劣势，结合自身拥有的资源，还有对社会发展趋势的分析，设计符合自己企业发展的商业模式。

**（3）学习品牌宣传包装**。

就是要学会产品品牌的宣传包装，让你的产品品牌深入消费者的头脑，让你的品牌成为同类产品中的“老大”。还要学习互联网思维，让你的企业在互联网里挖掘出更多的商机。

**（4）学习营销策划**。

你可以不做，但是作为老板，你是领头羊和指挥人，一定要明白营销策划的一些具体内容。

**（5）学习销售团队建设和销售组织架构**。

企业只有把产品销售出去，产品才会给企业带来利润。因此，作为老板，一定要学习销售团队建设和销售组织架构，先把销售搞起来。

**（6）学习企业内部运营管理**。

老板一定要学习企业内部运营管理，包括人力资源、办公室行政、股东的运作体系、未来的合伙人的体系、企业文化、绩效考核、部门建制等，也就是整个企业运营体系中的各个方面，你都要学习。

**（7）学习连锁平台及相关机制的一些课程以及建立方法**。

企业成长到一定程度，怎么裂变？怎么把企业从一变成十，从十变成一百，从一百变成一千，最后形成一个大的裂变平台？这样庞大的连锁经营模式，你怎么操作？怎么管理？怎么收益？这些你都需要学习：学习理论，学习既有的经验和方法。

**（8）学习股权模式、合伙人模式、会员制模式**。

其实，你与你的合伙人有很多合作的方式，比如股权模式，合伙人模式，会员制模式，等等。这些模式你都需要去学习，只有学习了，搞明白了，你才能从中选择最适合你们合作发展的模式。

**（9）学习资本运营**。

资本运营是杠杆，也是企业的血液。只有资本不断地循环流动，企业才能不断地补充养料，才能有持续发展的动力，才能健康发展。因此资本对企业未来起着决定性的作用。

**（10）学习建立企业文化**。

企业文化是企业发展的基础。没有这个坚实的基础做依托，企业很难基业长青。做企业，最后一定不是制度管人，而是文化管人。真正先进的企业、知名的企业，它的文化一定是强大的。所以哪怕现在企业的规模不大，也要建立自己的企业文化。

**（11）学习企业上市的相关知识**

企业赚钱相对较容易、较多的时候就是企业上市后。尽管老板不需要自己全盘操作，但是相关的一些知识也一定要懂。

**（12）学习领导者的课程**。

气度来于自身知识的厚度。因此，作为企业的老板，一定要学习教练技术、领导力的课程、心理学等，来丰富自己的知识面，增加自己的深度。

**张雷点醒**

老板需要学习很多东西，但也不要乱学、什么都学，而要选择性地学，一定要学习那些你能够用得着的知识和课程。

## 3. 企业管理的六个重点

在企业管理中，一定要做好以下六个方面的重点管理，为顶层设计的稳固保驾护航。

**（1）目标计划管理**。

企业每一个月、每一个季度、每半年或每一年，都要做一次经营计划，并且召开计划落地实施的研讨会，或者把年度经营计划、月度经营计划、半年经营计划、季度经营计划等用表格的形式呈现给中高层管理者和具体实施的员工。让大家清楚地知道，企业现在处于什么阶段，未来一段时间的目标是什么，有什么计划，自己该做什么。

**（2）流程标准管理**。

每一项工作都一定要有规范的流程。财务报销要有报销的流程，出差要有出差的流程，在办公室要有办公室的流程，营销要有营销的流程，等等。每个流程，在重要的节点上，还要规定相应的标准。让员工明白，这件事该怎么做。

**（3）组织职责管理**。

组建各个部门以后，要根据企业经营现状，清晰界定部门的职责、功能。比如企业现在的短板是产品，那就一定要加强产品相关部门；如果企业现在要全力打造品牌，那就要集中精力搞好品牌部门；如果企业想在营销上发力，未来要搞连锁模式，那么市场部就应该尽快组建；如果企业现在面临的问题是人才紧缺，那么人力资源部的重要性就应该体现出来。

**（4）战略路径管理。**

定好了战略，路径一定要清晰。比如前面提到的小企业上市之路，企业现在处于哪个节点？现在有好的产品了，那第二步要做什么？建品牌。如果品牌已经建立起来了，接下来该做什么？建立了销售渠道，开展营销策划……每一个节点都要清晰，要按照企业的路径和当前所在节点去推动企业日常工作的落地实施。

**（5）文化落地管理。**

不要把文化停留在墙上，停留在口号上，一定是要让文化落地。怎么做？老总、老板推动，让员工和企业能够形成一定的文化现象。比如你想营造家文化，怎么做？让企业像一个家，让员工感到家的温暖。用什么样的手段？员工在工作上遇到问题，我们要怎么样全力去帮？员工的生活出现状况，企业要怎么帮助，员工之间要怎样互助？

**（6）品牌传播管理。**

品牌传播是品牌建设的重要手段，是塑造品牌力的主要途径。品牌传播的方式主要有广告、公关、人际、促销四种。充分发挥创意的力量，通过有效的关键点，才能让自己的品牌在市场上形成广泛的知名度、美誉度和影响力，是品牌传播管理的主要任务。

**张雷点醒**

企业管理是企业为实现战略目标而进行的计划、决策、组织、指导、实施、控制的过程，其目的是提高企业的效益。也就是说，企业管理是运用管理的功能，聚合企业的各类资源，以最优的投入获取最佳的收益，来实现企业的战略目标，让企业不断成长、不断壮大。

## 4．模式经营管理哲学的理念体系

模式经营管理的哲学理念体系，其实就是一个房屋结构图（见图11-2），这个房屋的房顶，就是我们要构建一个高收益的幸福企业。房顶的下面，是两根柱子，一根柱子是模式经营管理会计系统，另一根柱子是模式经营管理组织系统，在两根柱子之间，是一个复制人才、培养人才的摇篮，而房屋的地基就是模式经营管理哲学及理念。

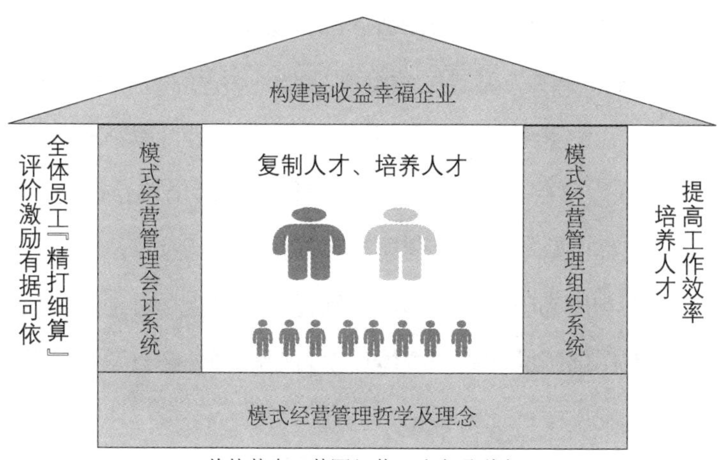


**图11-2　模式经营管理的哲学理念体系**

### （1）地基是模式经营管理的哲学及理念。

为什么把模式经营管理的哲学及理念作为房屋的地基呢？这是因为人的思想是根基，只有思想统一了，行动才能成功。模式经营管理的哲学及理念是价值共有、共同经营、选人吸引人。在这样的哲学及理念的指导下，经营者才能学会科学管理。更主要的是，企业在创建之初就要有正确的价值观，这个价值观一定是能造福社会的，而不是只为自己牟利。企业每做一件事，都要考虑这件事正确与否，这件事能给社会带来什么正向影响。只有这样好的价值观，才能普遍被认可，才能引起员工的共鸣。信仰的作用是凝聚人心，使人不走歪路。

思想决定行动。不管是对于一个家庭，还是对于一个企业，都必须有信仰，有正向的梦想，有好的价值观。作为企业老板，你不是一个人，你是企业的原点，你的现在必然影响企业的未来。

**（2）房屋的两大支柱。**

在地基之上，是房屋的两大支柱：一个是模式经营管理会计系统，另一个是模式经营管理组织系统。

模式经营管理会计系统是用来仔细分析和核算的，它使得企业的评价激励有据可依。为什么？就是因为模式经营管理就是一套基于经营哲学的独立核算体系，这个体系不仅让财务部门对各个部门、各个单位进行单独核算，看哪个单位是赚钱的，哪个单位是赔钱的，哪个单位赚得多，哪个单位赚得少。更主要的是，它让所有的人都会算账，促使全体员工都精打细算过日子。通过财务部门核算，企业就能够将费用部门和收入部门区别开来，就会尽量把资金投入收入部门里面，尽量减少费用部门的支出。全体员工自己核算，会自觉地尽最大努力去创收，尽可能地节约费用。

模式经营管理组织系统是用来提高工作效率的，是企业培养人才的摇篮。为什么？就是因为模式经营管理的目的就是人人价值最大化，它的这一套组织系统就是让每个人发挥最大的价值，让他知道为什么干，怎么干，干到什么程度。因此，它可以为企业培养大批具有经营者意识的人才。一个人可能原来只是一个部门的员工，或者是一个部门的主管，但是通过模式经营管理学习以后，如果真给他一个公司，他会知道怎么干，应该注意什么，因为他已经经历过了。

在模式经营管理的两大支柱之间，就是培养人才的摇篮。为什么？就是因为在模式经营管理下，企业在进行财务核算和组织管理的过程中，一直在进行人才复制。

**（3）房屋的顶层。**

房屋的顶层是企业的最终目标，就是构建一个高收益的幸福企业。正是由于模式经营管理“价值共有、共同经营、选人吸引人”的哲学及理念，企业上下思想统一、全员积极参与经营、全员精打细算、人人实现价值最大化、企业实现利润最大化，而这些稳稳地支撑起高收益幸福企业的顶层，使企业实现最终目标。

**张雷点醒**

模式经营管理的哲学体系的主旨是人企合一，要求人在实务和思想方面达到统一。

## 5. 模式经营管理哲学的思维模型

模式经营管理哲学是企业经营活动的原点，是指导企业发展的方针，它能帮企业厘清四个问题。

**（1）我是谁？**

你企业的名称是什么？为什么叫这个名称？你企业的性质是什么，是个体户，还是有限责任公司、股份有限公司？你企业的主营业务是什么，是生产食品、化妆品，还是销售电子设备、家用电器、五金？

**（2）我要去哪里？**

你企业的愿景是什么？你企业的使命是什么？你企业产品的定位是低端、中端还是高端？你在竞争中怎么做出取舍？你企业的最终目标是什么？

**（3）怎样去？**

为了实现你的愿景，完成你的使命，达到你的目标，你需要做出什么样的战略规划、选择什么样的路径、采取什么样的方法和措施？

**（4）和谁去？**

为了实现目标，你需要建立什么样的组织机制？需要招纳、培养什么样的人才？需要寻找什么样的合作伙伴？

这就是模式经营管理学的思维模型。如果你在经营中遇到困惑的时候，请回到原点，按照这个思维模型进行思考。

我的使命是什么？

·我们是谁？

·我们为什么存在？

·做什么样的事业会让我们足慰平生？

我的愿景是什么？

·我们希望把企业做成什么样子？

·企业的未来是什么样的？

·我们给追随者许以一个什么样的未来？

我的核心价值观是什么？

·在通向未来的路途中，我们应该坚持什么样的判断标准？

·什么是对？什么是错？什么是先？什么是后？

·谁是我们的同行者？我们将与谁携手走向未来？

**张雷点醒**

如果你有志于让你的企业基业长青，请你回到原点，按这个模型进行思考，运用模式经营管理的理念，把这些问题都彻底搞清楚了，把思考结果做成文件，存在电脑里，用在企业经营管理工作中，它将有助于你为企业的发展设定正确的方针，尤其是在面临重大选择的时候，它能够帮助你做出正确的决策。

## 阅读思考

（1）如何才能让模式经营管理在企业真正落地？

（2）请按照模式经营管理学的思维模型思考，并制作出你的企业哲学手册。

（3）企业管理的六个重点，你做到了几点？

（4）你不在公司的时候，员工会懒散，为什么你的员工执行力会这么差？

# 12
# 第十二章

## 主动蜕变的勇气和力量
## ——企业转型

※ 近两年，我们听得最多的是企业转型，那么，为什么要转？一个企业要想转型成功，应该怎么转？从哪里转？转到什么程度？企业转型的关键点是什么？企业转型意味着一场重大的改革，企业家在这场改革中应该充当什么样的角色？

## 1. 企业转型，首先要求企业家转型

**（1）企业家思维的转变。**

企业家想转型，首先要转变思维。也就是要把自己从创业者转变为思想家、宣传家、演讲家、预言家和漫画家。

思想家，就是企业家不要只顾低头拉车，不抬头看路。要多思考，要考虑全局。

宣传家，就是企业家要会宣传你的企业，宣传你的产品，宣传你的团队，以此来引起大家的关注，吸引更多的客户，甚至引爆你的企业。

演讲家，就是企业家不仅要会宣传，还要会演讲。企业家要具有演讲家的能力，演讲要有煽动力和感染力。

预言家和漫画家，就是企业家必须能够分析市场、行业等环境和形势，来预测企业未来的走向；企业家还要成为一个漫画家，要会描绘企业的发展蓝图，用蓝图激发员工内心的热情，调动起他们的工作积极性，让他们死心塌地地跟着你干，让他们认为跟着你干有希望、有未来。

现在很多时候我们喊的第一句话绝对不是“员工利益至上”，而是“客户利益至上”。但你的员工实际上才是你的企业最大的客户。员工一天天怨声载道，他们能让客户满意吗？要知道，只有员工满意了，员工才会让客户满意。没有满意的员工，就没有满意的客户。

经典案例

海底捞对待员工有两个机制。

一个是安心机制，让员工安心，就是给员工想要的，甚至超过员工的预期，让员工安心干活。首先，员工不用租房子，企业已经为员工租好了房子，这就解决了员工基本的生存需求。其次，企业给员工的父母购买保险，让员工没有后顾之忧，愿意一直在企业干下去。再次，员工如果离职，不管他是哪个级别的，企业都会按照他的级别发相应数额的创业基金。最后，企业从营业额里拿出一部分，建立资助基金，当员工家里出了大事，就从基金里拿钱资助给员工。

另一个是操心机制，让员工操心，让员工有一定的自主权，在权力范围内发生的事情可以不经上级批准自行决定解决方法。通过这样的方法，培养员工的主人翁意识，让员工把企业当成自己的家，不再把自己看作打工仔，从而树立起责任意识，自觉对企业的经营状态负责。

**（2）企业家转型的十个方面。**

第一，指导思想。

企业家一定要知道自己的企业转型要从哪出发，要走到哪里。核心就是要有前瞻性和预判性，要从后知后觉到先知先觉。

第二，经营理念。

经营理念要从利己转到利他。以前是一切以我为中心，即我要怎么样，现在要转换理念，要有利他思维。你会发现转变以后，你不是给予的多了，不是付出的多了，而是获得的多了。

第三，运营模式。

经营模式要学会善于借用别人现成的方法论。不要放着现成的不用，而摸着石头过河，要从摸着石头过河转到借力腾飞。有现成的理论方法，就没必要再多付成本费了，就没必要再浪费自己的时间、金钱、人力等去做一些无用的努力。

第四，经营策略。

经营策略要从微利转向厚利，因为钱少做不出好产品。就像旅行团，旅游团一般分为三种——豪华团、标准团、经济团，现在有的地方又多加了一种个性化定制团。豪华团来回坐飞机，住宿都是五星级以上的酒店，日常出行是有空调的豪华大巴，一切都享受VIP（贵宾）待遇，非常舒适。但是有些经济团呢？坐的是火车硬座，住的是普通旅店，吃的也不好，所以经济团的投诉也比较多。

再比如，卖奔驰车的4S店一定比卖面包车的4S店豪华，为什么？产品不一样，客户不一样。所以从微利时代转向厚利时代，你不要怕要钱，不要怕东西贵，最关键是你的服务要跟得上，你的产品要值得让人家花那么多钱，让人家觉得花钱后没有上当受骗。

第五，利益追求。

企业追求什么？现在的企业一般追求利润，即股东利益最大化，企业转型就要改变这一点，要从股东利益最大化转向员工利益最大化。就是跟着你的这帮人赚到钱了，你的企业就赚到钱了；而不仅仅是企业的几个核心人员赚到钱。

第六，领导风格。

要从老板说了算转变为人性化的管理。现在“90后”“00后”员工的自我实现意识很强，命令式、强压式的管理通常对他们不起作用。

第七，决策机制。

做决策时一定要从全局出发，从系统出发，一定要想到后果，再做决定，不能想当然。

第八，管理模式。

就是企业管理模式从粗放式管理转向精细化管理。

第九，关注的重点。

企业家应该关注哪里？在企业转型升级的时候，企业家要时时刻刻盯着利润。影响利润最大的就是成本，所以从显性成本到隐性成本，甚至机会成本，企业家都要做到心中有数。

第十，工作模式。

企业家的工作模式要从做应用题到做选择题。也就是原来按部就班，现在要学会确定哪些应该做、哪些不应该做，要能分辨哪些能做、哪些不能做。选择是需要智慧的，放下是需要勇气的，很多时候要舍得、放下，大胆地使用人才，改革才能成功。

## 2. 一个企业做大的发展路径

小企业怎么做大，怎么完成自己的梦想？怎么从做一个产品的小企业走向规模较大的上市公司呢？首先，要想清楚一个问题，那就是做企业应该从哪里开始。

其实做企业是从产品开始的。不管你的企业是生产产品、代理产品，还是做虚拟的服务技术类产品，都必须从产品开始。因此企业发展的起点是产品，并且企业的发展之路也应该围绕产品。那么，企业发展的路径到底该怎么走呢？你到底该怎样把企业做大呢？

**（1）做好产品。**

如果你的企业是初创型的，那么，你一定要想办法做出一个好产品，并且要对其不断地升级，开发新产品，提高产品的品质，淘汰落后的产品。这样你的企业才有后劲。否则，你的营销手段再好，你的企业也走不了太远。

**（2）树立你的品牌。**

有了好的产品还不够，还要有一个好的品牌对产品进行包装。现在与过去不一样，过去人们对产品的认知低、要求低，只要能吃或者能用即可，所以人们常说的一句话就是“只要有卖的就会有买的”，产品不愁卖，也不愁卖不上好价钱。但现在就不一样了，网络信息大发展，人们对产品的认知度越来越高。人们的品牌意识也越来越强，对产品的要求也越来越高。更主要的是，经济现在已经发展到一定的阶段，市场的空间越来越小，市场竞争越来越激烈。在这个时代背景下，企业不仅要有好的产品，还要有好的品牌包装，这样产品才能卖得出去，才能卖出好价钱。

因此，企业的支撑是产品，而企业的发展则要看品牌。企业老板一定要学会树立自己的产品品牌。尤其是中小企业，想要做出突破，关键点就在于树立自己的品牌，一定要把过去不吸引消费者的名字重新设计一下，把不适合时代的LOGO（商标）重新设计一下，把不适合VI（视觉识别系统）重新设计一下，没有VI的要进行一下专业设计。要学会把你企业好的产品、好的理念，通过LOGO、VI等传递给消费者。这种传递方式可以说是宣传效果最好、成本最低、速度最快的。很多企业搞宣传，组建很大的销售团队，花很高的费用去发工资、租赁、搭建渠道等，宣传成本特别高，但效果仍然不好，就是因为它们不注重品牌塑造。因此，在品牌塑造上企业一定要加大力度，要舍得投入。

虽然现在所有的企业开始对品牌有一定的认知，但这还远远不够。目前世界500强企业的品牌，美国占了200多个，日本和欧洲占了近200个，中国占的也就20个左右，而且都是中石油、中石化这种大型国企，民企几乎是凤毛麟角。中国民企遍地开花，可是为什么居于世界500强的这么少呢？就是因为许多民营企业不注重品牌的塑造，对品牌塑造的投入还不够。

因此，对民营企业来说，想要发展，想要在行业中有所突破，想要走出国门走向世界，就一定要树立自己的品牌，走品牌之路。

**（3）设计你的商业模式。**

品牌包装设计好后，下一步就是设计和打造一个适合你的商业模式。还有一个关键点就是营销策略，一定要根据你的商业模式的各个盈利点和相应的客户展开商业盈利设计。包括渠道的铺设、销售团队的建设、经营模式的选择等。营销策略设计好之后，接下来就是销售。在销售环节当中又要考量你的团队：考量销售团队建设、制度分配机制、团队文化、经营模式、单店模式等。

**（4）学会裂变**。

商业模式做到极致以后，企业要想做大，就一定要学会裂变：一家店变成十家店，十家店变成一百家店，一百家店变成上千家店，最后形成连锁平台。在连锁平台里又可以考虑招商，做加盟模式、合伙人模式，越做越大，占领整个市场。到了这一步，就可以考虑上市了。

**（5）用资本的力量推动企业发展**。

庞大的连锁平台出来以后，接下来就要讨论后续服务的能力，要考量我们的供应链，店多了，产品供应是关键。要考虑我们的产品，还要考虑我们的资本、资金链。因此，下一步就是要以资本为杠杆，用资本的力量来推动我们的企业继续往前发展。有了资本，企业才能慢慢做大。

企业做大到一定程度，为募集更多的发展资金，就要进行上市策划，进行上市储备，最后走向资本市场，就是公司上市，向广大投资者公开募股，为企业募集更多的发展资金。

可见，企业有三个地方可以挣钱：第一是产品，产品是赚小钱的，而且赚钱很辛苦。第二是连锁平台，连锁平台能够赚中钱。第三是上市，就是把企业卖给广大股票投资者，这才是企业赚大钱的地方。

这样一步步发展过来，就是企业从小到大的发展路径。

**张雷点醒**

中国很多的经营者，之所以还停留在做生意阶段，而不是做企业的阶段，就是因为没有学会利用资源。企业家一定要学会寻找资源，利用资源，挖掘资源。

## 3. 商业模式：塑造价值，传递价值，获取利润

什么是商业模式？商业模式解决的是什么问题？一般认为，商业模式就是实际经营当中的一些方式方法。这种看法不够精准。按照哈佛大学商学院的定义，商业模式就是企业与企业之间、企业的部门与部门之间、企业与顾客之间、企业与渠道之间存在的各种各样的交易关系和连接方式的总和。但这种定义对我们实际操作的意义和作用不大。

我认为商业模式应该具有以下三个功能点。

**（1）塑造独特的价值的功能点**。

就是商业模式必须要能够塑造一个价值。比如杂货店的老板，随便进一点货，如一瓶水，他能不能塑造价值？当然可以。水是有价值的。但是这个价值不独特，最好能够塑造独特的价值。那么，什么是"塑造独特"？"塑造独特"就是与别人不一样。比如说同样是做杂货店，什么都卖，有一个女老板就特别聪明，她进什么货？她什么品类的货都进。但她进的货都是比较能够勾起客户购买欲的那种新鲜货、品质货、时令货、稀罕货、实用货、放心货，而且在进货的时候，她都会去现场考察，拍成视频发到微信群和朋友圈里，比如说她要进腐竹，她会选择一个产品品质特别好的腐竹厂，她亲自到腐竹厂拍摄腐竹的车间、工艺

流程、现场品尝的视频；她进各种时令水果，都有摘水果、尝水果、水果装车、水果发车的视频；她进全国各地的土特产也是如此，进各种日常生活用品也是如此。所以她满世界地跑，就是为了寻找适合的，大家都比较喜欢的新鲜货、品质货、时令货、稀罕货、实用货、放心货，每隔三五天，她就在群里开个团，货到了她会在群里喊，让大家自己去取，顺路的还会捎过去。这是互联网与实体店相结合的一种经营模式，这个女老板生意火爆就是因为她的这种经营模式给她的每个商品都塑造了独特的价值。这种独特性其实就是迎合消费者的心理，吸引消费者的关注，勾起消费者的购买欲望。

**（2）传递价值的功能点**。

商业经营模式的第二个功能点就是它能够将产品的价值传递给消费者。只有消费者了解、知道了产品的价值，他们才会掏钱买。比如说，如果卖水的老板把店开在人少的路边，而且坐等顾客，那么他能保本就很不容易了。但如果他把店开在旅游景点里，而且景点里只有他一个人卖水，那么他的生意应该会非常好。因为旅游景点不仅人多，而且人特别容易口渴。这种选择不同的地点经营的模式，传递了产品的价值，无须多说多做大家就会选择买或者不买。好的经营地点毕竟是有限的，租金也是特别高的，不可能所有的企业都能选到好地点，也并不是所有的企业都有能力或者愿意出高价去租好的地点，那么，选址差一点的企业怎么做好自己的生意呢？其实我们上边说的那个聪明的杂货店女老板，她的店选择的位置就很一般，但她采用的经营模式比较好，这种模式不仅赋予了每个商品特殊的价值，而且非常有效地向客户传递了这种价值，他们认为值得买，买得值，不买就可惜，不买就错过了机会，她的生意好，就是因为这种模式将每个商品的价值通过互联网传递给了客户。

**（3）创造利润的功能点**。

商业模式不仅必须能够创造价值、传递价值，还必须为企业创造利润。没有利润，企业就没法生存，没法成长。因此商业模式必须具备的第三个功能点就是能够创造利润。好的商业模式不仅能让企业有好的销售额，还能够大大提升产品的利润空间。比如说卖水的老板把店开在人少的路边和开在旅游景点，销售额肯定不一样，每瓶水的进价一样，但卖价肯定不一样，所以在旅游景点的利润就比较高一些。再比如那个杂货店女老板，她的经营模式不仅给她带来了好的销售额，而且同样的一种商品，她卖得贵一点大家也会认可，因为大家认为买她的商品比较放心，品质比较好，有保障。所以她所获得的利润就比较丰厚。更主要的是，好的模式能够让企业不压货，不压货就等于企业有更多的资金可以周转，资金周转起来才能让整个企业活起来，火起来。

因此，商业模式必须能够塑造价值，传递价值，最终获取利润。不具备这三个功能点，就是商业模式设计上的失败，商业模式失败，企业也会跟着失败。

## 4. 再完美的商业模式也会有风险

我们设计商业模式，不仅要让这种模式给我们的企业带来丰厚的利润，还要让它为企业抵抗风险。特别是传统企业，民营企业，在设计商业模式时最起码要让这种模式参与四个风险。

**（1）企业本身经营核心的风险。**

企业作为产品经营的核心，必然会遇到很多风险。因此，在设计商业模式的时候，必须要让这种模式能够参与企业本身经营核心的风险中来。

**（2）企业与上下游企业之间合作存在的风险。**

企业在运营的过程中，必然会跟上下游企业产生很多经营往来，在往来的过程中，也必然会遇到原料、产品的质量、合同履行等方面的风险。因此，设计商业模式的时候一定要考虑周全，一定要让你的经营模式参与你的企业与上下游企业之间合作会遇到的风险中。

**（3）企业的渠道、资源等方面遇到的风险。**

在企业运行的过程中，在企业的进货渠道、销售渠道、融资渠道等渠道，资产组合、品牌形象、员工队伍、知识产权、对外关系等资源方面，都会遇到这样那样的风险，你的商业模式一定要参与其中。

**（4）企业面对市场、竞争者和消费者时产生的风险。**

就是让你的模式参与企业面对市场、面对竞争者、面对消费者所遇到的风险。

**张雷点醒**

企业，企业的上下游企业，企业的渠道和资源，企业面临的市场、竞争者和消费者，这四个主体都在一个椭圆形的交易结构里面。一个成型的商业模式，就是要确保这个交易结构里面的四个主体，都能够实现利益最大化，这样才能有效规避风险。否则，任何一方的利益没有受到保护，这个结构就可能瓦解，这个商业模式迟早也会崩盘。

## 5. 三种商业模式：摆地摊、跟购、正比

**（1）摆地摊模式。**

这种模式的特征就是企业在目标客户存在的地方展示自己的产品和服务。比如开门店的，主要通过当地客流促成交易。在以前，这种模式比较好赚钱，但最

近十几年来，越来越难了，为什么？因为消费者的消费习惯改变了，大家绝大多数的采购可能都是在网上完成的。

**经典案例**

上海来伊份股份有限公司（以下简称“来伊份”），创立于1999年，是休闲食品连锁经营模式的创造者和领导者。

来伊份的核心创始人叫郁瑞芬，是江苏启东人。1993年，她跟她的老公来到上海。她老公有一个朋友，在冰激凌厂上班。这个朋友通过内部价格买到200个甜筒。郁瑞芬夫妻二人觉得这个东西好，就用自己的全部家当3000元投资开了一家店，生意非常好，一天的盈利能达到800元。接着他们又开了三家店，都非常赚钱。

第二年，很多人纷纷跟风，也开了冰激凌店，市场上多了好多冰激凌店，同质化现象严重。

为什么会这样？就是因为来伊份当时的商业模式没有独特性和不可复制性。

有的老板以为商业模式就是低价，就是和别人拼差价。这个观念非常可怕。

因为人的生活水平在提高，对品质的要求也越来越高。企业提供的产品，一定要迎合趋势，千万不要做低价值的东西，而是要提高产品的品质，再想办法用商业模式形成一个竞争优势。

摆地摊模式也有成功的案例，比如百丽。

**经典案例**

百丽不做广告，它最厉害的时候，在中国的中高端女鞋市场上，占有75%的份额。

百丽有12个自有品牌，一般在一线或二线城市的中高端百货商场开设卖场。

比如在上海淮海路的第一八佰伴开设卖场。百丽把第一八佰伴第一层的5000平方米都租下来，摆满自己的12个品牌，对消费者来说，看上去是不同品牌的鞋子，其实背后都是一个大老板。

同时，百丽还是4个顶级女鞋品牌在中国最大的代理商。

百丽的商业模式就是利用稀缺性，让别人没法和它竞争。所以企业必须找到自己的独特性。

**（2）跟购模式**。

就是我的主产品不赚钱或者亏损，甚至免费给消费者，但是消费者必须用我的副产品，我通过副产品来赚钱。

经典案例

以前，有一个做销售员的美国人，他去理发店刮胡子。那时候刮胡子的工具非常不好用，顾客经常被刮破皮。这个美国人就想，他一定要解决这个问题。经过不停地研究尝试，他最终发明了一种新型刀架，这种刀架一般是两片刀，第一片刀，是把你的胡须翻出来，第二片刀才是真正的刮刀，随便怎么刮都不会出血。

这个美国人解决了产品问题，但是没有解决商业模式问题。他在推销这款刀架的时候遇到了很多障碍，最主要的原因就是这款刀架太贵了。当时一个刀片可能只卖几元，但他的这款刀架由于不适合量产，一个要卖几百元。最后他想出一个商业模式，买刀片送刀架。这就是后来大家熟知的吉利剃须刀。

他的刀片非常好用，而且没有可替代品。消费者就被刀片“绑架”

了。刀架亏钱，我送给你，但是光有刀架没有用，你得买刀片。这个商业模式一出来，他的产品市场占有量就直线上升。

新型刀架是主产品，比较贵，很多人不愿买，在前期降低购买门槛，把刀架送给你，让你先用，你尝到了好处，后续肯定会买刀片的。对消费者来说，前期大大地降低采购成本，是不是更容易成交？体验感是不是更好一点？

利乐包装的使用率很高，当时在中国，只要是大的牛奶生产商，基本都用它做包装。但是利乐包装的生产线很贵，想打入市场很难。于是利乐包装的经营者想了一个办法，流水线免费，但是你的包装材料必须用我的，不用不行，因为这里面有一种特殊的技术，你放其他的材料不行。

爱普生的黑白打印机，价格不贵。但是它的墨盒贵，而且打印机都买了，不买墨盒又不行，其他牌子的墨盒也不匹配。

**（3）正比模式。**

正比模式最近两年非常流行，它的思路和跟购模式是正好相反的——主产品不变，副产品免费赠送，但是赠品必须是大家公认有价值的东西。

比如在一家店只要消费满1000元，店家就送一瓶1000元的法国红酒。在另一家店，只要购买1000元的零食，就送一张价值1000元的加油卡。对消费者而言，这两种赠品，哪一种更有价值？你的赠品必须是名牌而且能刚性流动，大家都认可它的价值。

**经典案例**

河南焦作有一家电缆厂，在当地曾经非常厉害。厉害在哪里？第一，它的产品品质很好，市场占有率非常高。第二，它的口碑很好。卖给你100米的电缆，就一定是100米，不会只有95米。第三，它的销售渠道做得很好。

渠道是怎么做的？这家电缆厂的客户都不是终端消费者，而是经销商，于是老板针对经销商办了一个招商会。经销商预交10万元货款给企业，这10万元还是经销商的，而且企业送经销商一辆价值10万元的面包车，这辆车刚好满足经销商送货的需求。其实车钱就是经销商的预存款，但对经销商来说，这辆车的使用价值非常大，所以这个模式吸引了不少经销商。

之后经销商进货，每个月进货的货款，都从预存的10万元里支出5000元，比如这个月这个经销商进了5万元的货，那他只需支付45000元就行了。

这10万元分20个月返完，对经销商来说，基本没有损失。对企业来说，额外付出了一辆车，似乎是个赔本买卖，但它吸引了客流，扩大了渠道规模。而且，企业有这么多预付款，手里的现金流就多了，可以做很多事情，可以进行资本运作，那就又是一个赚钱点了。到最后，在这个行业、这块市场里，渠道都是你的，市场也都是你的，你还有雄厚的资本，何愁不发展壮大？所以，这种“赔本赚吆喝”的模式，其实是双赢的。

## 6. 盲目悲观或乐观，会将企业转型引向失败

**（1）思维误区一：盲目悲观。**

盲目悲观就是事情还没开始做，就觉得自己做不好、自己肯定做不了，还为自己找借口说自己这也不具备那也不具备，这个条件没有那个条件也没有。他们认为自己做不了也就罢了，还不相信自己的团队能做到；自己缩头缩脚、前怕狼后怕虎，不作为也就罢了，还整日给自己的团队打退堂鼓，导致大家都跟着停滞

不前。这是第一个思维误区。

**（2）思维误区二：盲目乐观。**

盲目乐观就是尽管自己还没有真正体会过，却认为自己已经是老江湖了，这点事情肯定难不住自己，自己肯定能做好。单凭自己的经历和经验而盲目乐观，认为自己什么都能行，但一旦做起来眼高手低，做不到，也做不好。产生这种思维主要是因为他们只看过去，不看现在和未来，没有客观地分析自己的优势和劣势，没有分析自己面对的机会和威胁。

这两种思维误区往往都会将企业转型引向失败，因此，要想实现企业转型升级，我们一定要客观，要先分析，分析当前的形势，分析企业内外部环境，还要把握火候，弄清什么时候转，什么时候引进人才，而最关键的一点就是要注重顶层设计。

## 7. 战略转型是企业转型的关键

所谓企业战略，就是根据市场环境的变化，企业依据自身的资源和实力，选择适合自己经营的领域和产品，并形成自己的核心竞争力，通过差异化取得竞争的胜利。战略是指和别人不一样的路径。在企业的整个体系中，战略是重中之重，是整个体系的核心。

战略转型就是改变原来的路径和目标，找到新的路径和目标。它包括营销转型、研发转型、生产转型、运营转型、组织转型、融资转型、品牌转型等。

**（1）战略转型能够确保企业领先竞争对手半步。**

战略转型是企业转型的关键。对一个企业来讲，战略转型意味着改革企业原有的发展路径，让企业走上一条与竞争对手不一样的新路径，以获得一种领先于竞争对手的差异化，从而在竞争中胜出。差异化其实就是企业领先竞争对手半步，等对手追上来的时候，我们又有了新的差异化。成功的企业战略始终都会让自己的企业与竞争对手有差异，确保自己的企业领先竞争对手半步，具体有以下几个要点。

第一，找到新的业绩增长点。

就是竞争对手太多了，原来的路径已经拥堵了，甚至走不动路了，大家都在打价格战，企业利润已经很少，甚至要亏本了。如果企业还与原来一样，那么，极有可能是死路一条。因此，企业要想生存，就要进行战略转型，必须开辟新的路径，找到新的业绩增长点。

第二，设计创新的商业模式。

大家知道，商业模式是一个企业十倍利润、十年成长的关键载体，一个好的商业模式，是一个企业未来十年内良性发展的载体。一个企业，无论是创业期还是发展期，商业模式都是关系其兴衰成败的头等大事，是其竞争制胜的关键。因此，经营者的第一要务，就是设计和创立一个好的商业模式，完善和创新一个好的商业模式。企业战略转型的第一要务，是设计创新出一个好的商业模式。

第三，重塑品牌的定位和价值诉求。

随着生活水平的提高，人们越来越注重产品的品质。而品质的外部形象则是品牌。很多时候，客户对你的印象，就是已经印在客户脑子里面的那个品牌形象。比如说很多人一说到空调就马上会想起格力，说到冰箱马上会想到海尔，说到洗衣机就想到小天鹅，等等。现在我们不难发现，企业做到最后卖的不是产品，而是品牌。因为产品都大同小异，关键是看品牌，哪个品牌在同行业中的排名靠前，哪个品牌的形象就好，那么这个品牌的产品不仅销量高，而且价格高，利润也很丰厚。因此，战略转型一定要重塑品牌的定位和价值诉求。

第四，要想提高利润，首先提高成本。

传统思维总是认为降低成本才能提高利润，但事实上，现在绝大多数人都在追求高品质的产品，而高品质的产品来自高成本的投入。卖得贵就一定有贵的理由，不要老想着在低端市场拼杀，一定要跳出这个圈子，一定要跳出这个思路。因为做高端产品，进入高端市场，才能让企业走得更稳健、更长远。

**张雷点醒**

战略规划，即清晰定位，系统制胜。战略规划也是一套内外沟通的系统。战略规划以提高组织智商为目的，能帮企业成为智慧型组织、智慧型企业。所以，组织架构的设计要和战略目标匹配，也要为战略目标服务。

**（2）制订战略规划的四个基本原则。**

第一，与经济协调发展。

任何企业的发展都是以国家经济的发展为基础的，没有经济的高速发展就没有企业的高速发展。因此，企业的发展需要与国家经济的发展相协调。

第二，统一规划，分步实施。

战略是统一规划出来的，但是一定要有计划地分步实施，以免重复建设，造成资源浪费。

第三，整合与构建相结合。

整合与构建相结合，就是说，一方面要充分利用企业现有的资源，对其优化整合，并运用信息网络技术，采用先进的管理手段，使企业现有的资源从功能和利用效率上都得到全面提升。另一方面要大胆构建新的产品或者服务资源体系，促进企业有序、良性发展。

第四，以政府导向为主。

政府对企业具有鼓励、引导和支持的作用，能够为企业营造发展的良好环境和必要氛围。因此，企业家一定要看清形势。

## 8. 条条大路通罗马：战略转型的多元化途径

**（1）延伸式转型**。

延伸式转型就是找到一个原点向前延伸。也就是说要找到企业的根本，并以这个根本为原点，然后从这个点出发，往前延伸，看看还能延伸出哪些利益点。这个原点，一般是你现有的业务，这是你的根本。一定要记住，延伸是为了更好保持业绩增长，千万不要做着做着就把自己的根本给丢了。比如，腾讯公司进军智慧农业，就是以其互联网综合服务为原点，寻找出新的利益点，利用它的互联网技术，想在智慧农业领域再分得一杯羹。

**（2）多元化转型**。

多元化转型就是从原来的单一业务，转向多项业务，进行多种经营，甚至把业务伸向其他行业或者领域。也就是说，企业除了把自己的根本做好以外，可以整合一些外部的资源、外部的产品，进行多元化延伸。但是在这个过程中，一定不要忘了自己的主业，不要舍本逐末，“种了别人的园，荒了自己的田”。比如，随着市场竞争的日益激烈，国内很多房地产企业纷纷拥抱多元化转型，比如万科布局医疗养老结合、教育、联合办公等新业务板块，万达进军文化旅游业，保利发展布局养老产业，等等。但是从这些房地产企业的盈利状况和产业发展来看，它们的多元化产业虽然劲头十足，但与主业房地产相比，还是差得很远。

**（3）聚焦式转型**。

就是由大而全、小而全向大而精、小而精转型。原来的产品是男女老少通吃的，现在要把它聚焦到某一类人身上，为某一类人服务，专注于某一类产品，打动某一类人，将产品做到极致，让产品成为某一类人的首选。也就是说，要做有针对性、个性化的产品或者服务，让企业成为某一类细分市场的“老大”。

**（4）兼并式转型**。

在自己的资源不够支撑发展的时候，可以通过兼并的方式，有针对性地购买一些优势资源和其他企业，为自己的企业打造出一条健康的生态链，提升自身的竞争力。

**（5）升级式转型**。

就是从以低端产品为主升级到以中、高端产品为主。也就是企业根据市场的需求，生产出中、高端的产品。原来的低端产品根据情况直接砍掉或适当保留。即便保留也不能作为主业，企业一定要向高端产品延伸，向高端产品转型，主业一定要做高端产品，因为这是市场发展的趋势。

**张雷点醒**

企业战略转型，是指企业从一种运行状态转向另一种运行状态。企业战略升级，是指企业从较低级别升级到较高级别。转型与升级复合在一起，即为战略转型升级，是企业为更好地适应宏观经济环境、技术发展需求和市场变化，而主动对产品服务、营销方式、运营体系、人事财务、技术研发等做出的重大调整。

**（6）差异化转型**。

企业产品从大众化转向小众化，做出有别于竞争对手的产品，产品有差异化才能有新的利益点。

**（7）特区式转型。**

企业转型意味着进行一场很大的改革，有改革就有风险。因此在转型的过程中，当我们还没有把握、对结果还不能确定的时候，决不能够贸然进行，大刀阔斧地大面积改革。为降低整体转型的风险，我们可以先找一个试验点，可以先选择一个部门、一个区域试行，成功以后再逐渐推广。这就是特区式转型。比如说，模世能在改革的时候，就不是全面推进的，而是选择某一个区域先试行，试行成功后，大家一致认为效果不错，再大面积逐步推进。这一点，企业转型的时候一定要注意。

## 9. 企业转型的终极目标与成功标志

**（1）企业转型的终极目标是打造智慧型的企业。**

随着网络技术的快速发展，打造智慧型企业，从数字化与物联网中寻求更多新的机遇并获益，已发展成为现代企业的制胜要素。企业想生存发展，不被赶超，就必须将企业转型到打造智慧型企业的轨道上来。要解放思想，加大投入，积极部署物联网，加速企业自身的数字化转型，把企业打造成智慧型企业。企业连接数字世界，可以大大提高生产效率、增长率和创新水平。也就是说，企业可以通过物联网和数字化，来管理企业的生产、经营，实现利润、目标等。

如果你是生产型企业，那你就从产品研发上下功夫，把企业的“制造”改成“智造”；如果你是服务型企业，那你就在服务人性化上下功夫，把人工服务，改成智能服务。

**（2）企业战略转型成功的两大标志。**

第一，能够为企业化解根本性矛盾，鱼与熊掌可兼得。

很多问题的解决方案并不是非黑即白，不要以为只有一条路可以走。对于企业中多年来存在的很多令企业家和经理人头疼两难的问题也是如此，或许单凭自己的能力真的找不出解决的办法，但这并不能说明没有解决的方法。做战略转型，最主要的原因就是很多沉积的两难问题已经阻碍企业向前发展。战略转型成功的第一个标志便是，为企业找到一条两全其美的途径，来化解困扰企业多年的根本性矛盾，疏通企业发展的道路，让企业轻装上阵，再次实现腾飞。

第二，真正理解分配才是第一生产力。

老板只要真正学会分钱，钱分配好了，生产力就提升上来了。为什么这么说呢?

企业传统的分配制度是老板得大钱，员工得小钱。尤其是中小型企业，老板不舍得高薪聘能人，他们没算过这些能人会给企业带来多大的收益，即便是聘了能人，也不知道该怎样去管理这些人才，不知道该怎样激发这些人的工作积极性。这样的结果往往是企业招不到好员工，招到了也留不住。为什么呢？就是因为分配制度不合理。

经营者一定要转变思维，要真正理解为什么分配才是第一生产力。就是因为合理的分配是让你的员工敬业的一个理由，是让他们努力工作的一个理由，是让他们承担责任的一个理由，等等。蒙牛公司的创始人牛根生表示，财聚人散，人聚财散。你要想把人才聚拢来，就要散财，你要想把钱聚拢在自己手上，人必然会散去，最后永远得不到大财，这是凝聚人才的硬道理。

因此，企业分配制度转型的最终目标是老板与员工共同致富。战略转型成功的第二个标志便是，经营者真正理解分配是第一生产力，并从根本上改变传统的分配制度，让大家利益共享，成为利益的共同体。

**张雷点醒**

很多企业永远做不大，很多老板虽然赚钱多但很辛苦，就是因为他们不舍得花高薪聘请能人，而只花小钱招一些打工者，公司的什么事都得自己管。

## 阅读思考

（1）企业家要转型，可以从哪些方面入手？

（2）你的企业现在处于什么阶段？可以做哪些方面的努力去推动企业发展？

（3）你的企业有适合自己的商业模式吗？

（4）为什么有的企业做不长、做不久、做不大？为什么有的企业原来做得非常好，现在却做不好？为什么有的企业曾经也辉煌过，但是现在做不到像原来一样？

# 13
# 第十三章

## 让员工跑起来，让企业飞起来
## ——股权激励

※ 股权激励和绩效激励是两码事，前者是专门针对股权的。对于高层管理者而言，他们关心的不仅仅是分红的问题，还有身份的问题。比如，一个管理者是企业的股东，那么，这不仅仅象征着一种收益，更象征着一种身份，体现了他受到的尊重和自我价值的实现。

## 1. 一种长期发挥作用的激励机制

社会在飞速发展，企业与企业之间的竞争越来越激烈。在市场经济的大潮中，上市公司的竞争也更加激烈。很多上市公司，通过股权激励的方式提高自己的管理水平。

股权激励，也叫期权激励，是指企业给予员工部分股东权益，员工能够以股东的身份参与企业决策、分享利润、承担风险，从而帮助企业实现稳定发展的长期目标。股权激励是目前常用的激励员工的方法之一，在西方发达国家应用很普遍。

通过对市场的调查研究发现，实施股权激励的模式，不管对企业或是个人来说确实有着积极的意义。

**（1）激励作用。**

拥有了股份，持股人就是企业的主人，自己的一言一行，都要以企业的利益为出发点。所以，股权激励能够起到很大的激励作用，被激励的员工自身的利益与公司紧紧地联系在一起，工作热情和工作积极性大大提升，在实现自身价值的同时促进了公司的发展。

**（2）吸引和留住人才。**

股权激励有一定的约束作用，被激励的员工都是业绩比较优秀、能力比较强的员工，所以在股权激励的条件下，这些优秀的员工与公司紧紧地联系在一起，这不但能减少优秀员工离职跳槽的现象，还能促进公司稳步发展。

张雷点醒

股权激励是企业为了激励和留住核心人才而推行的一种长期激励机制。股权激励能够在很大程度上提高员工的福利，在公司和员工的共同努力下，公司获得更多经济效益的同时，被激励的员工分红的比例就提高了。

但需要注意的是，股权激励是一把双刃剑。无数企业发展的事实证明，股权激励能为企业带来很多好处；但是，执行得不好，就会为企业带来许多负面影响。

张雷点醒

在股权激励过程中，不合理或不严谨的操作会引发许多纠纷。而酿成这种苦果的原因有很多，有主观原因，也有客观原因。所以，激励实施，一定要有条件进行约束。

股权激励最大的风险就是，股权分出去了，人还没留住。所以企业在做股权变更的时候，也要注意这个问题。尤其对企业创始人而言，不管你的股权如何分配，你一定要保证自己的持股量，一定要确保你的持股量能让你掌握话语权。

还要注意，在主体公司里，不能随意把股权分出去。你可以单独注册合伙人公司，占有主体公司的一部分股份。你自己是合伙人公司的法人，有自主权、表决权，然后你们在这个合伙人公司里运作，进行股权分配。如果有一天，合伙人公司出了问题，那也不会影响主体公司。

## 2. 不要被这些认识误区带偏

当下，股权激励大热，在这样的背景下，我们需要对其有正确的思考和认知，否则非常容易被环境给带偏，一旦对股权激励产生了错误的认识，股权激励就难以落地或者无法发挥效果。根据市场调查研究发现，对股权激励通常存在以下认识误区。

**（1）长期激励等于股权激励。**

很多人都认为长期激励就是股权激励。实际上，长期激励除了股权形式，还有非股权形式，比如各种长期性福利。

**（2）股权激励不能收回。**

有一种股权，叫经营股权。就是说员工在企业干才有股权，不干就没有了，这个股权不影响企业注册。员工对企业的贡献就按经营股权来分红。所以股权并不是拿出去就收不回来的。

**（3）股权激励是谋福利的，不是约束条款。**

有的企业刚起步，老板认为股票不值钱，就随意分给员工。这个做法是错误的。如果有一天你的企业做大了，想更进一步发展，那时候你再想用股权激励来吸引人才，你会发现你没有股权了，企业发展不了了。对于已经获得股权的员工而言，你的企业都发展不了了，这个股权也值不了多少钱。这样一来，企业一方面吸引不了人才，另一方面留不住人才。

一定要注意，你给员工的股权，一定是未来的，而不是过去和现在的。你对员工的激励一定是企业未来的价值和员工未来的发展，要让员工看到希望，心甘情愿跟着你十年、二十年。

所以股权分配要注意时机，如果没到可以分的时候，就不要分。

**（4）股权激励方案很简单。**

有的人认为股权激励方案很简单，直接照搬别人的就好了。但其实这里面涉及很多东西，包括税务、财务、退出机制等。所以，股权激励方案应该是为企业量身打造的。

## 3. 股权激励，也需要三思而后行

企业在不同的发展阶段，所采取的股权激励制度也是不同的。那么，在企业发展过程中，要不要采用股权激励？什么时候采用？要弄清楚这些问题，必须考虑以下因素。

**（1）企业股权激励的目的。**

目的是万事之始。如果目的不明确，方向不清晰，股权激励就不能顺利推行。如果目的不纯，股权激励也难逃失败的厄运。所以，对于一个企业来说，股权激励的最终目的是“共赢”，而不是“博弈”。

**（2）企业所处行业的特点。**

当今社会进步快速，科学技术日新月异，企业所处的环境变幻莫测，了解企业所处行业的特点，针对环境变化及时做出战略调整，为企业生存和发展指明方向尤为重要。

只有这样，我们才能了解和确定企业所在的行业，适不适合搞股权激励。

因为股权激励的形式要结合行业的特点，比如IT（互联网技术）企业和生产性企业，激励方式是不一样的。

**（3）企业所处的发展阶段**。

企业要发展到一定阶段，形成企业文化，有比较完善的治理结构了，才适合实行股权激励。企业所处的发展阶段不同，性质、规模不同，实施股权激励的目的不同，选取股权激励的时机也就不同。而且，每一个发展阶段，针对不同的激励对象，企业都应采用不同的股权激励方法。

## 4. 股权激励的原则：公平、对称、动态

在股权激励设计、实施的过程中应该遵循以下三大基本原则，并且，在实际操作过程中，没有特别原因的情况下，不可以突破。

**（1）公平原则**。

公平原则通常是强调在市场经济中，任何经营者都必须以市场交易规则为准则，既不享有任何特权，也不履行任何不公平的义务，从而享受公平合理的对待，权利与义务是一致。股权激励的公平原则就是指这个股权，对所有人都是公平开放的，是多少钱就是多少钱，不会说一手股份在老员工这是800元，在新员工那就变成500元了。

**（2）对称原则**。

对称性的本质其实就是系统平衡。正是因为其中要素的相互作用才构成了系统的变化和发展，也正是因为有了系统的平衡才能为系统的和谐发展创造条件。在企业中，股权激励的对称性原则就是要求持股人持有的股权大小和其身份是匹

配的。一般不存在总监持有的股份比董事长还多的情况。

**（3）动态原则**。

每个企业的股权机制都是量身定制的，而且是在动态变化的。比如模世能第一轮融资3000万元，第二轮融资6000万元，第三轮融资1.2亿元，这是在变化的，相应的股份、股价也都在变化。

## 5. 股权激励的形式：实股、期股、虚拟股

与工资、奖金、福利等相比较，股权激励更能使企业与员工建立更加牢固、密切的战略发展关系，主要有以下几种形式。

**（1）实股激励**。

实股就是法律意义上的通过工商注册的股权，需要实际出资，受法律保护。

实股激励，就是企业的原有股东决定将其一部分股权转让给员工（新加入的股东），或者通过增资扩股的方式吸收新股东的激励方式。通常，企业实施实股激励，会将股权打折卖给员工，或者通过定向增发股份的方式，使员工可以获得有较高价值的股权。实股激励等于直接让员工获得收益。

**经典案例**

某药厂决定对研发副总、生产副总和营销副总实行股权激励。2018年该厂的净资产是5000万元（净资产不仅包括注册资金，还有设备、厂房等），折合5000万股，每股1元，每人各持1%，即50万元，折合50万股。在规定期限内用现金购买20万股，可以从公司贷款10万元，每月从

工资中扣除5000元，余额从年终奖扣除。双方签订协议，开始执行。最终的结果是，公司奖励了员工20万股，员工获得50万股。

（2）**期股激励**。

期股就是未来的股权，是企业给员工预留的股份。被激励的对象按照约定的价格，在某一规定期限内，满足了一定的绩效条件之后，再来兑现持股。

请注意两个条件：被激励对象要工作到一定年限，且达成一定的绩效。

期股激励其实也是员工和企业之间的一种对赌协议。员工在未来，以现在的价格购买未来的股份，那他一定是希望在这段时间内企业的股份是增值的。所以这是一种中长期的激励手段，解决了管理层只关注短期利益的问题，让其把当下的工作做得更好。

期股激励丰富了企业薪酬激励制度的手段，和奖金、福利等一起，构成了短、中、长期结合的薪酬体系。

（3）**虚拟股激励**。

虚拟股一般指不具备投票权的股份，可以视为股东和公司之间的一种合同关系，即经营股份。只要员工在企业工作，就能获得这笔奖励金。

这是一种虚拟的股票，员工可以据此享受一定数量的分红和股价升值的收益，但是不能出售和转让，没有所有权和表决权。

**张雷点醒**

股权激励有三种方式：实股激励、期股激励、虚拟股激励。企业可以针对员工不同的特点，结合使用。比如，对创业团队，就可以采取“实股+期股”的方式。

## 6. 设计一份规范的股权激励方案

### （1）持股的对象：针对哪些人激励？

持股对象的范围一般是副总级别管理者、部门经理级以上中层管理者，以及业务和技术骨干。建议企业以组织架构、管理体系为基础，框定理想的职务人选、岗位、工作年限等，并根据岗位贡献度或重要程度、价值等来判断。同时要结合不同阶段的人的特点。比如创业期是哪些人，成长期是哪些人，成熟期是哪些人。

在家族企业里，更要注意定人的方法。家族企业的人一般有以下几种。

第一种，“能臣+功臣+亲人”。又有能力，又和你一起打天下，又是亲属，这种人一般是企业老板最放心的。对他们，一般都给创业股。就是企业注册的时候就分好的原始股权。

第二种，“能臣+功臣”。这类人是企业的中坚力量，要给他们期股，增强他们的忠诚度。

第三种，亲人。对这部分人，你可以给他亲情股，但不要给他管理权。

制造企业要重点激励谁？主要是管理、生产、销售方面的人。比如总经理，销售副总，财务副总，技术、生产、市场、研发等骨干人员。

高科技企业要重点激励谁？高科技企业以人力资本、知识资本为核心资源，所以要关注技术人才。但是技术人才的绩效一般需要较长时间才能显现出来，所以对他们适合用期股进行激励。

连锁企业的股权激励针对谁？对象一般是总部管理人员和连锁店核心人员。总部管理人员的定人方法可以参考家族企业和制造企业。连锁店的定人方法，主要看店长。因为连锁店是单店核算的，每个店面自负盈亏，店长的管理能力，经营能力很重要。

**（2）股权的定价：定多少？以什么为标准？**

定价有两个方面，一是企业的定价，二是股价。

非上市公司，主要以授予价格和企业净资产为定价依据。

**（3）分配的数量：拿出多少比例的股份进行激励？**

持股量怎么定？要考虑以下因素。

第一，企业的规模。

第二，业绩目标。

第三，波动风险。

第四，控制权。

**（4）定条件：什么样的人才能享受股权激励？**

股权激励条件包括绩效条件、限制性条件和触发条件。

绩效条件就是要达到什么样的绩效标准。

限制性条件就是被激励人怎么买，怎么卖，怎么退。

触发条件就是，一旦在持股期间，持股人发生了一些意外，或有了违法违规的行为，该怎么处理他的股权。

**（5）持股时间：持股人持股多长时间才能转让或退出？**

一是什么时候给，二是什么时候退。要注意这是中长期激励，所以授予日期、有效期、等待期、可行权日期、禁售期，都要有相应的规定。比如采用股票期权作为激励，那么行权期原则上不得少于两年，有效期不得低于三年。

**（6）股份和资金来源。**

股份从哪里来？被激励人怎么买，是自己花钱，还是从公司贷款，或者其他形式？

股份来源有以下三种。

第一种是向激励对象发行股份，企业增资扩股。从3000万股增长到6000万股，总股本增加，老股东所持比例相应下降。这实际上稀释了老股东的股份。

第二种是回购。总股本不变，鉴于企业的资金实力和现金流状况，回购企业的股份。

第三种是股权资产转让。即用一些已经退回的股权，或者因为其他情况被转让来的股份进行激励。

被激励人购买股份的资金来源主要有两个。

第一，自己掏钱买。

第二，融资贷款。

请注意，非上市公司员工持股，将来企业上市之后，要明确说明持股资金的来源。

## 7. 抓住股权激励制度成功的关键因素

成功地实施股权激励制度以及实施股权激励制度的效果会受到以下关键因素的影响。

**（1）良好的企业文化。**

企业文化是一种管理文化、经济文化及微观组织文化，是指企业员工在长期的生产经营活动中培育形成并共同遵循的最高目标、价值标准、基本信念及行为规范。通俗地讲，企业文化其实就是一种思想、处世方式。全体员工必须都认同并且都养成本企业的一种正向的思维模式和习惯，认同股权激励这件事。思想统一了，股权激励才能执行下去。

**（2）良好的前景和商业模式。**

企业的发展要让人能看到希望，企业要让股权起到未来激励的作用。企业要不断塑造愿景，不断给员工展示未来，让员工觉得自己在企业工作是有出路的，才能起到激励作用。如果企业都要倒闭了，就算员工百分之百持有股票，还有什么用呢?

**（3）良好的企业管理基础和绩效考核机制。**

股权管理是指企业根据国家法律法规，对其所属股权投资、运行、处置过程中各项活动的实施所进行的决策、组织、控制等管理行为。所以，股权管理不局限于某一部分，它可能涉及企业管理的方方面面。

运用好股权管理，对集团化管理具有深远意义，而用好股权管理，需要遵循以下原则。

第一，动态调整。要灵活，不要死板。

第二，开放系统。员工进入退出股权激励的渠道要通畅、方便，又要有底线。

第三，相对公开。对人员、比例、总额等选择性保密，对收益情况、基本的财务数据、价格等选择性公开。

而且，股权分给谁，怎么分，是要评估的，不能随意分配。同样是部门经理，也要分出等级，不能凡是部门经理，持股量都是一样的。而且激励的顺序也有讲究，先给谁，后给谁，也是有区别的。同时，对不同的员工，激励的程度是不一样的。比如高端技术人才，对他的激励就一定要大于普通员工。

**张雷点醒**

在激励对象的选择上，企业一定要根据自己的实际需要进行恰当的选择，并且对相关的员工进行考核和监督，确定其在实现自身价值的基础上有能力为企业的发展和进步提供自己的力量后，才能对其实行股权激励政策。所有这些，都不是拍脑袋想出来的，一定是有完善的绩效考核机制作为依据的。

## 8. 集团控股，这三个数据一定要记牢

（1）34%：**一票否决权**。

“34%股权比例”也叫安全控制权、一票否决权，是九条股权生命线之一。

股东会议作出修改公司章程、变动注册资本的决议，以及公司合并、分立、解散或者变更公司形式的决议，必须经代表三分之二以上表决权的股东通过。

“三分之二以上”，换算成百分比，就相当等于或超过66.7%的股权才能通过以上规定的决议，假如某一股东的股份为33.31%以上时，其余股份加起来也不会达到66.7%，也就是说持有34%股份的股东投反对票，就决定了股东会决议不能通过，这就是“一票否决权”。

（2）51%：**绝对控股权**。

在《公司法》刚出来的时候，普遍认为持有51%的股份就可以对公司有控制权。但从法律层面上来说，这只是一个相对的控制权，一部分事情可以决定，但是一些重大事项，增资减资，以及公司的解散、注销都做不了需自行决定。

**张雷点醒**

相对控股权往往需要公司创始股东为持有公司股权最多的股东，所以在引进投资人情况下，公司创始股东要把自己的股权比例控制在51%左右，这样，在公司的后续发展中，与其他股东相比，创始股东可以保持对公司的相对控制力。

（3）67%：**完全控股权**。

67%折算成比例，大约是三分之二，公司想注销、融资的时候，如果股权达到了67%，就有决定权，反之，就没有决定权。

模世能的分公司有几种，第一种是完全100%控股，即完全由模世能投资的。第二种是模世能占51%，或者对方出资企业占51%，这种合作方式类似于合伙制。第三种是模世能的持股量大于67%，剩下的就可以进行分配、激励。

## 9. 创始人如何保证控制权

对于创业者来说，公司创始人失去控制权是非常可怕的事情，创始人如何保证自己对企业的控制权？可以注意以下几个方面。

（1）**持有更大比例的股份**。

在资本市场，你出的资本越多，当然就有更大的话语权。

（2）**让你之外的股份越分散越好**。

有些公司持有51%股份的人才能控制，但是有些公司持有20%股份的就是大股东，区别就在于其他股份的分散程度。

**（3）不轻易融资**。

融资很风光，但是在公司改制前把原始股权送给风投公司，很容易丧失一票否决权。

**（4）进行更科学的股权激励**。

采用多种方式，如直接持股、间接持股、期权等方式的结合，避免股权激励造成稀释。

**（5）签订一致行动协议**。

与认同你的人签订一致行动协议，能使你掌握更多的投票权。可能你一人的持股量没有一票否决权，但是你们几个人的股份加起来，就够了。那么事先签订协议，你赞成的时候，他们也要赞成，大家共同进退。

**（6）在投资协议中设定条款**。

投资协议可以灵活一些，比如在投资中约定给某个人“一票否决权”，这是合法的。

## 10. 某企业的股改之路

### 经典案例

有一家制造型企业，创办于2000年。

2000年到2004年，是该企业的创业期。这一时期，企业中高层、核心及技术骨干人员，都拿干股。他们的总持股量不超过总股份的20%，个人持股量按岗位级别分档确定，按年度绩效结果增加。他们持股，不需要出钱，也没有锁定期。股份来源是增资扩股。持股人无论何时因何原因离职，一律取消分红。

在创业期，企业的主要目的就是挖人，到处招揽人才，老板在和人才谈薪酬的时候，可能固定工资没有别的企业给得高，但是他承诺了一定的股权，还不用人才自己出钱，这就把人才吸引过来了。

2005年到2009年是成长期。这一时期的经营关键是推动高管和团队新老更替，顺利完成二次创业。创业期过了以后，有些老员工已经不适应企业的成长发展了，因为他们的文化水平、管理水平可能跟不上了。企业要发展，就只能从外面引进人才。

在这一时期，企业人才分为两部分：骨干人员和核心人员。骨干人员只有分红权，没有股权。核心人员拿的是虚拟受限股，有一定的限制。每股由内部股改来定价，锁定期两年，期满后分三次退出。股份来源是增资扩股，资金来源是自筹，不足部分可以向公司借款，以分红或奖金来还款。退出机制是以内部净资产价格转让。离职则取消分红。

划分为核心人员的员工，为什么愿意从原来不掏钱的分红调整成出资购买的虚拟受限股？因为他真正拥有股权了。原来只是分红股，只有经济意义，现在，有身份意义了。

同时，企业还为核心人员制订了两方面政策。第一，如果新成立了子公司、分公司，核心人员可以优先任职。第二，如果公司上市，核心人员的虚拟股可以优先转为实股，这就是一种激励和绑定。

2009年到2012年是加速扩张期。这一时期的经营关键是推动企业的治理结构优化，因为这时候要吸引风投了。

在这一时期，对核心人员的激励工具变为注册股了，就是新注册有限合伙公司，把核心人员都放到这个公司里。对骨干人员的激励工具升级为虚拟受限股。第一年总量不超过20%，每股价格是净资产的1.5倍。锁定期两年，期满后分三次退出。股份来源是增资扩股，资金自筹，不足部分借贷。退出的时候按内部净资产价格转让。

2012年至今是成熟期，这一时期的经营关键是管理夯实、标准化。这时候企业准备上市了，有必要清理分红股和虚拟受限股，因为上市公司是没有虚拟股的。要把表现好的骨干人员的股份转入有限合伙平台，变成实股；对表现一般的人员，则用奖金激励代替虚拟受限股。

这一时期的激励工具是持股平台加拟上市公司直接持股。就是把实体公司的股份升级，人员还是这么多，定量还是20%，定价是每股的内部净资产价格，其余都和之前没区别。退出时除非已在股票市场上卖出，否则一律以内部净资产价格转让。一定要记住一个原则：对公司有利。

从这个企业的股改历程可以看出，企业处于不同的阶段，要选择不同的激励工具。创业期采用干股；成长期采用实股、虚拟股权、分红权；加速扩张期采用有限合伙公司（壳公司）持股、虚拟股权；成熟期采用股票期权、限制性股票。

处于不同行业的企业可以以此为基础，灵活调整。

## 阅读思考

（1）企业实施股权激励，要注意哪些问题？

（2）在股权激励过程中，如何规避风险？

（3）公司创始股东如何确保自己的权益？